在日コリアン弁護士から見た
日本社会のヘイトスピーチ
差別の歴史からネット被害・大量懲戒請求まで

金 竜介／姜 文江
在日コリアン弁護士協会
編

明石書店

はじめに

近年のヘイトスピーチが顕在化したのは、公道でのデモだった。弁護士にとって、デモは表現の自由の行使の最も代表的な手段であり、憲法学講義では、表現の自由は優越的地位にあるとも学んでいた。そのため、私も含め、弁護士・法律家にとって、デモを規制するなどとんでもない！というのが素朴な感覚として多かれ少なかれあったと思う。

しかし、ヘイトスピーチデモはあまりに強烈で深刻な被害をもたらした。いや、その前から、ヘイトスピーチは生まれ、あるいは拡大しやすい土壌は作られており、それが堂々と行われ目立つようになったにすぎないともいえる。いずれにしても、少し前の日本社会では考えられなかったほど、ヘイトスピーチデモとそれを放置していた日本社会は、日本で穏やかに暮らしていた人々を不安と恐怖に陥れた。

一人では何もできない赤ちゃんが周囲の人を笑顔にさせたり、幼い子供が自然に他人に対する優しさ、好奇心、正義感を持っているように、人は生まれながらにして他人と関わることで社会の中でしあわせに生きることのできる存在であり、そのようにしあわせに生きる権利をみな平等に持っている、と私は思っている。もちろん、今、しあわせを感じられていない人は少なからずいるであろうし、世界中の人がみんなしあわせに生きるなんて無理だ、と思っている人も多いかもしれない。でも人は、一人では生きられず、基本的には他人と関わることを求め、支え合うことが必要な社会的な生き物である。そうである以上、他人のしあわせに生きる権利も尊重しなければならない。そのバランス・調和をどのようにとるべきか、それが社会や政治に課せられた使命である。

私たち、在日コリアン弁護士協会（LAZAK）は、表現の自由の行使だからと言ってヘイトスピーチを放置しておくことはできない、規制することは可能であると表明するため、二〇一五年一二月、「人種差別撲滅のために　〜ヘイトスピーチはどこまで規制できるか」と題したシンポジウムを開催した。その後、二〇一六年に「本邦外出身者に対する不当な差別的言動の解消に向けた取組の推進に関する法律」（いわゆる「ヘイトスピーチ解消法」）が成立・施行され、さらに、これを後押しし、より一層差別を解消し禁止するための条例の制定が各地で広がっていることは、とても心強いことである。

ただ他方で、このような差別解消の流れに逆らうヘイトスピーチも根深く、とくにインターネットなどを通じた動きには規制が追い付いていないのが現状であり、このままでは、より一層、社会の分断が広がることが懸念される。しかし、社会が分断されたまま溝が深まり、本当に人はしあわせに生きることができるのだろうか。溝を深める人は、自分がいつか溝の反対側に追いやられるかもしれないという不安を感じることはないのだろうか。

本書は主に在日コリアンに焦点を当て、現在進行中のヘイトスピーチとその被害の実態、これらの背景にある歴史的経過や社会の現状、そしてヘイトスピーチをなくすために今取り組まれていることと今後できること、これらを実務に携わる法律家としての視点から示したものである。社会の動きが早いため、ＬＡＺＡＫとしてすべての点について統一的な見解として示すことは難しくなり、各執筆者によるテーマ別の論考をまとめた形のものとなった。そのため、執筆者により考え方が異なる点もあり、ＬＡＺＡＫという団体の総意でもないが、この点はご容赦いただきたい。

差別をなくすためには、訴訟や法令・制度の制定だけでなく、たとえば学校や家庭における教育、身近な人と話し合うこと等々いろいろな解決手段がある。ここまで社会が分断されつつある今、黙っているだけでは解決しない。一人一人が自分にできることを考え、差別をなくそうと行動することが大事であると思う。本書は、そのような複数の弁護士による考察や活動の結果ないし記録であるとともに、差別をなくそうとする人に対する今後に向けた視点の提示である。

在日コリアン弁護士協会

代表　姜　文江

在日コリアン弁護士から見た
日本社会のヘイトスピーチ
——差別の歴史からネット被害・大量懲戒請求まで

目次

I

今のヘイトスピーチ

第1章　ヘイトスピーチの被害とは何か
――ヒューマンライツ・ナウおよび法務省の実態調査

安原　邦博

「初めてヘイトデモに遭遇した時、『しょうもない奴らがしょうもないこと言ってるわ』と笑った。少しの間は、笑って見ていられた。けど、そんな奴らがゾロゾロと大勢で一緒に歩いてることに気付いた。怖くなって、逃げるようにその場を去った。ネットでも、ヘイトに賛同する多くの書込みを見てしまった。もしかして多くの人が同じことを思ってるんじゃないかと思ってしまった。街行く人も、この人も、あの人も、自分のことを憎んでるんじゃないかと怖くなった。日本全体が自分を敵視してるように感じることがある。日本に大勢いる、そんな内の一人が、いつか、自分や自分の大切な人を傷つけるんじゃないかと本気で考えてしまうことがある」

これはヘイトスピーチを受けた在日コリアンの多くが感じていることであるが、ヘイトスピーチは、その被害者に、恐怖心を植えつけ、自尊心を傷つけ、日本社会に対する恐怖さえも生じさせ、その社会生活に多大な影響を及ぼす。本章では、このようなヘイトスピーチの被害実態を明らかにする。

1　被害実態

(1) ヒューマンライツ・ナウの被害実態調査

国際人権NGOヒューマンライツ・ナウは、二〇一四年に近畿在住の在日コリアン一六名を対象にヘイトスピーチ被害実態調査を行って、「在日コリアンに対するヘイト・スピーチ被害実態調査報告書」を公開している（http://hrn.or.jp/activity/2105/）。

同報告書は、ヘイトスピーチ被害の実態を、「恐怖」「自尊心の傷つき」「子どもへの影響」「日本社会に対する恐怖」「社会生活への影響」の五つに分類している（国際人権NGOヒューマライツ・ナウ、二〇一四年一一月「在日コリアンに対するヘイト・スピーチ被害実態調査報告書」八頁以降参照。以下の○で囲った番号は同報告書記載の番号）。以下、順に見てみよう。

恐怖

- 多い時で月に数件、職場（在日団体）への嫌がらせのような電話が掛かってくる。朝鮮を蔑視した発言、あるいは歴史否定的な発言（「慰安婦は売春婦だ」など）をされる。嫌がらせだとわかった瞬間、とても緊張するし、怖い（③三〇代女性）。
- 五年ほど前、広島で在特会四名（中年）のヘイト街宣に遭遇した。目の前に立ち止まって堂々と見てやろうと思ったが、正直、怖かった。どれほど相手が弱そうでも恐怖を感じ、身体が動かなかった。

実際の危害を恐れたのではない。自分のことを言われていると感じた。一番言われたくないこと、思っていても自重して口に出すべきではないこと（そう国際的にも認知されていること）を堂々と一般人がやっていることに恐ろしさを感じた（④二〇代男性）。

- 勤務先の団体に対するヘイトスピーチ街宣が行われたことがあった。マイクを一人ひとり回して、「朝鮮人はうじ虫だ！」「朝鮮人はゴキブリ！」「朝鮮人は死ね！」などと各自が発言し、それに対し他の参加者が拍手をしたりして参加者全員が興奮していた。

名札を見られ、拡声器で名を連呼され、暴言を投げつけられた。論理的な抗議ではなく、面と向かって憎悪感情を投げかけてくることに恐怖を感じた（⑬五〇代男性）。

- 慰安婦問題の活動をしているが、団体に対して執拗な否定が繰り返されている。「朝鮮人」という言葉を使って攻撃してくることに対して、多くの仲間が一緒にいても、違和感があり恐怖感を覚える（⑮五〇代女性）。

自尊心の傷つき

- 物的被害はないが、精神的な不快感がある。人として言ってはいけないことを言っている。子どもたちに見せられるものではない。実際に見て、吐き気がした。自尊心が傷つく（⑥五〇代男性）。
- 自分でどうしようもできないことを理由に、「死ね」「殺せ」と言われることの不条理、痛みを感じる。単なる罵詈雑言ではない。深く考えていない在日コリアンが大部分だが、どこかで深く傷ついている。積極的反応や意見がでないことは、意見がないことや傷ついていないことを意味しない。それを表現する場面や機会がない（④二〇代男性）。

• デモを見て、自分たちの存在が否定されたと思い、身体が震えて心臓がドキドキした。在日韓国・朝鮮人に対するメッセージだったが、まさに自分に投げかけられていると感じた（⑫五〇代男性）。

子どもへの影響

• 在日コリアンでもルーツを意識していない人が大勢いるが、ヘイトスピーチがテレビ放映されたことで、ルーツのある子どもたちは「自分のこと？」という意識が出てきた。

毎年「仲良くしようぜパレード」をしているが、そのチラシに子どもの被害事例を掲載している。「先日の週末、在日コリアンをターゲットにしたデモが鶴橋でありました。近くを偶然通ったA君は、普段、民族学級に積極的に参加していません。週明けに小学校のソンセンニム（民族学級の講師のこと）を捕まえて、『やっぱり僕、自分が韓国人ってまわりの人に言うのはあかんねんな、と思っててん』と、鶴橋でドキドキしながら、大人たちの様子をうかがっていたことを話しました」（⑪四〇代男性）。

• デモの直後、本名を名乗っている子どもたちは家から出るのを怖がったり、日本人に名前を伝えるのを怖がるようになった（⑫五〇代男性）。

- 在日が多く居住し、朝鮮学校もある地域に来てやっていることに強い憤りを感じる。特に子どもたちがどれだけ傷つくかと腹立つ。息子が中学のときに、コンビニに買い物に行き、ヘイトスピーチを見かけたらしく、帰宅後「早く大人になって帰化する」と言われた（⑮五〇代女性）。

日本社会に対する恐怖

- 警察四〇〜五〇人は在特会を誘導しているように見えた。警官は交番で談笑していた。一般の人がヘイトスピーチに参加している状況が恐ろしい（⑯四〇代女性）。
- 一番腹が立つのは警察に対してである。警察は彼らの言動に対して、黙って見ているだけで、何も言わないし、何もしない。中学生が「何で止めないの？」と質問したら、「表現の自由だから」と答えたという話を聞いた（⑮五〇代女性）。

社会生活への影響

- 日常の些細な場面で、ヘイト的言動が聞こえて、ビクッとしたり（例えば、飲食店で隣のテーブルから聞こえる会話など）、また、そういったことを耳にしそうな気がしてふと不安を感じることがある（③三〇代女性）。
- ヘイト街宣に対する抗議行動が起きるまでは、鬱状態になり、精神科に相談し、カウンセリングを受けた。しばらくネットは離れるようアドバイスされた。在日の友人たちには、不安を与える恐怖から、相談したり誘ったりできなかった。多少親しくても、日本人の友人に相談したり、話したりすることは今でもできない（⑤二〇代男性）。

・二〇一二年一二月、水曜デモ一〇〇〇回を記念するキャンドルコンサートが扇町公園であったとき、その準備中に、日中、「チョンコー」「チョンコー」「朝鮮人」と二〇人くらいに三〇分くらい連呼された。心が折れる。日本人の仲間とは共有できない苦しさがある（⑮五〇代女性）。

（２）法務省の被害実態調査

法務省も、ヘイトスピーチ解消法が作られようとしていた二〇一六年一月から三月までの間に、「いわゆるヘイトスピーチを伴うデモ等が、その主な対象とされている在日韓国・朝鮮人やデモ等が行われた地域の住民に与える主観的影響等を明らかにし、今後の人権擁護施策の基礎資料とする」ことを目的として、東京、川崎、大阪の計二〇名の在日コリアンを対象に、ヘイトスピーチを見聞きした際の感情、その後の影響等の聞き取り調査をし、同年三月に「ヘイトスピーチに関する聞き取り調査」を発表している（http://www.moj.go.jp/JINKEN/jinken04_00108.html）。

以下、ヒューマンライツ・ナウに倣い、法務省の聞き取り調査結果を、「恐怖」「自尊心の傷つき」「子どもへの影響」「日本社会に対する恐怖」「社会生活への影響」の五つに分類して見てみよう。

恐怖

・殺気立っている人たちが、あれだけの人数でまとまってやるから、自分の感情がコントロールできなくなる。あの声が怖いとか、そういうことじゃなく、自分の感情がコントロールできなくなるようなところが怖い。お互いに潰し合いになることを想像して怖くなる（大田区在住の五〇代男性）。

自尊心の傷つき

- 三年ぐらい前、朝鮮学校が高校無償化から除外されたことについての大規模な集会があって、その後、デモ行進した。その時に、両側から、聞くに堪えない言葉を投げかけられた。「どうして生きているのか」「日本から出て行け」「その汚い血はなんだ」など、私たちの存在そのものを否定するような言葉で、泣きたくなるような思いをした（川崎区在住の四〇代女性）。
- 「国へ帰れ」という言葉は、私たちの存在そのものを否定するような言葉。悪意を持ってない人でも、「（日本に）何でおるん?」「日本語うまいね」と言うことがあって、そういうのはヘイトスピーチではないけど傷つく。「帰れ」「殺すぞ」という発言を聞いた際は、「怖い」の一言。社会で活動している中で、自分が中傷や批判の対象になるかもしれないと思うと怖い（生野区在住の三〇代男性）。

子どもへの影響

- 北朝鮮関係の報道があったりすると、子供も駅に行くときに、今日はヘイトスピーチ出てるかなと、怖がる（川崎区在住の五〇代女性）。
- 息子は、デモを目にして、絶対に許せないと言っていた。息子は泣いていた。目の前で、母親のこと、友達のこと、大切な地域の人たちのことをひどく言われ、排除されるべき対象として母親が語られているのを受け止めきれない。デモを見た後、息子はツイッターを気にして見るようになった。デモの参加者らしき人のアカウントについて、この人が、今同じエレベーターに乗っていたらどうしようと言っていた（川崎区在住の四〇代女性）。

● 子供たちに及ぼす影響は大きいんじゃないか。民族名で生きている子供はほとんどいない。自分の存在をどんどん隠さないといけないようになってしまっている（生野区在住の四〇代男性）。

日本社会に対する恐怖

● 韓国人のジェノサイドみたいな感じがする。それが日本で、社会的に問題であることが残念でしょうがない。先進国で、日本は世界でもトップのいい国というイメージを持っているのに、そういう問題が起きるのは理解できない（渋谷区在住の六〇代女性）。

● 駅前で、善良そうに見える普通の青年が、「朝鮮人出て行け」「お前たちはいらない」というプラカードを持ったり、拡声器を使ってしゃべったりしていたのが、すごくショックだった。普通の人たちが、朝鮮人、韓国人は汚いという教育を受けているのかと恐ろしく感じた（川崎区在住の五〇代女性）。

● デモを見たときには、まず憤怒を感じた。朝鮮人出て行けと言われても、出て行けないからいるのであって、ちゃんと歴史を勉強してほしい。デモに参加していたのは若い人が多かったので、近代史をちゃんと勉強していればそういうことは言えないと思って、そういう怒りをずっと感じていた。周りの日本人は、傍観していた。日本はこういう世の中なのだなと思った。日本人にとっては対岸の火事なんだと。悪気があるわけではなくて、歴史を学んでいないから、朝鮮民族を蔑視の対象とする。同情すると言われることはあるけど、同情ではなくて理解してほしい（生野区在住の六〇代女性）。

● カウンター活動で二〇〇回ぐらいはデモ等を見ている。何千何万というヘイトを浴びてきたので、今でも、殺害コールの光景が、日常生活でフラッシュバックしたり、夢に見たりもする。嘔吐は何十回もある。彼らは警察に守られながら公然と差別をしている。警察が荷担しているも同様。これを鎮圧する仕組みを社会が持ってないから、僕らがやらざるを得ない状況にある（生野区在住の四〇代男性）。

● 最近は殺せとかそういう汚い言葉はなくなってきたが、相変わらずひどい言葉を言っている。死ね、殺せと言わなきゃヘイトスピーチではないと主張するが、やっていることは在日に対する差別や差別の扇動に変わりない。（「殺すぞ」などと）公然と道路の真ん中でマイノリティに向けて叫んでいることがショックだった。これを公然とやらせている社会とか警察にもショックを受けた。その日の帰りは、ショックと怒りと悲しみで涙が止まらなかった。これが許されている社会にすごい絶望を感じた（天王寺区在住の三〇代男性）。

● 警察が許可出して、守っていたことも怖いし、たまたま居合わせた人が野次馬みたいに見ていたり、無関心で通り過ぎて行ったことも怖かった。これから先、私に何かあったとしても、こんなデモを守っている警察が、私のこと守ってくれるのかと不安になる。職場でも、上司や同僚が心の中でどう思っているんだろうと疑心暗鬼になってしまう（天王寺区在住の二〇代女性）。

社会生活への影響

- 最近は週末にミナミとか梅田でヘイトがあると聞くと、用事があっても行くのをやめてしまう（天王寺区在住の二〇代女性）。
- 若いときは、差別というのはどんどんなくなっていくものだという確信があった。若い世代になれば、そういうのは馬鹿らしい偏見だって分かるようになると信じていた。ところが、（ヘイトスピーチをしている）動画を見つけてショックだった。よくなるどころか、そういうのが許されているということに。恐怖も感じた。それまで在日であると名乗ることにそこまで恐怖を覚えなかったが、今は町中でも、そこらへんで話している人が韓国、北朝鮮、在日、慰安婦問題の話をしているとびくっとする。社会の中で、ヘイトスピーチが許されている状態だから、私が在日だといって殴られた場合に、在日だと名乗ったのが悪いと、そういう方向に流れていきそうな気がする。初対面の人に対しても、用心する癖がついた（生野区在住の四〇代女性）。
- 街宣活動に通行人が賛意を示すことがある。ああいう街宣にシンパシーを感じている人がいるというのはつらい。それを許している日本社会に重たい気持ちを感じる。悲しいとかつらいというよりも、憂鬱で何もしたくない気持ちになる。ヘイトスピーチを浴びると、何週間も苦しい気持ちを抱えながら仕事をすることになる。解消できないダメージがいつまでも続く。仕事をしている時なんかに、ふいに涙がこみ上げてきたり、夜中に目が覚めて眠れなくなったりすることもある（生野区在住の四〇代男性）。

2　まとめ

以上のように、ヘイトスピーチの被害は、公然、堂々と自己の存在やルーツが憎悪・否定・攻撃され、それを社会が「許容」している状況におかれることで、恐怖心が植えつけられ、また自尊心も傷つけられて、鬱状態などの身体症状が出たり、また、日本社会に対する恐怖さえも持つようになって、本名を他人に告げることさえ怖くなったり、「早く大人になって帰化する」などの心情にさせられたり、職場の上司や同僚が心の中でどう思っているのかなどと疑心暗鬼になったり、初対面の人に対しても用心するようになったりするなど、その社会生活に多大なる支障が生じるものなのである。

第2章　ヘイトスピーチの現場での取り組み

原田　學植

近年の「ヘイトスピーチ／ヘイトクライム」は、街頭でのデモ行進や街宣活動、あるいはインターネット上において大っぴらに、社会に向けた煽動として行われている。本稿においては、そのようなヘイト問題と、ヘイト問題に対抗する市民行動（後述「カウンター抗議行動」）の現況について述べる。

1　二〇一三年に新大久保で起こったこと

「在日特権を許さない市民の会」（「在特会」）に代表されるヘイト活動団体が二〇〇七年前後から活動を開始し、現在に至っている経緯については本書別稿に譲る。

近年のヘイト問題の特徴として、口汚い罵詈雑言、差別用語の問題にとどまらず、差別主義者たちが形式的には「平等」や「権利（表現の自由）」という、リベラリズムの中心的価値を求めている点が従来の差別問題と異なる点であるといえる。もちろん、ヘイト活動団体のいう「平等」や「自由」は、その解釈を恣意的に捻じ曲げているものであったり、そもそも事実に反する虚偽情報に支えられた主張である。にもかかわらず、体裁としてリベラル的な価値を希求しているがために、弁護士や学者等の有識者とされるリベラル市民側でどのように反応すればよいのか判断ができず、問題として放置されてきたともいえる。

そのような社会意識の下、街頭で、「朝鮮人を殺せ」だ「死ね」だ、旭日旗や日の丸を掲げた人々が一〇〇人単位で結集して練り歩く、そういった活動を警察が守る、といった「在特会」に代表される排外主義団体のヘイトデモへの対抗措置を、二〇一二年まで日本社会は有していなかった。

ヘイトデモに対して抗議しようとしたり、ヘイトデモの進行を物理的に阻止しようとした少数の人はいたが、あまりに少数であるがゆえに抗議の意思が社会に浸透することがない、という状況があった（二〇一〇年にはヘイトデモの進路上に横断幕を持って立ちふさがろうとした青年が、ヘイトデモ参加者らに袋だたきにされたあげく、抗議者の青年の方が暴行の容疑で警察に逮捕されるという事件も発生した）。

かかる社会の潮流に対して、少数の勇敢な抗議者らではなく、市民による大規模な抗議行動が展開されたのが二〇一三年であった。この年に行われた新大久保におけるヘイトデモでは、沿道から多くの一般市民が抗議の声を上げるなどしたのであった。

右記の抗議行動は、ヘイトスピーチに対する「カウンター」抗議行動と呼ばれる。

2　「カウンター」とは何か

カウンター抗議行動の手法には様々なものがある。ヘイトデモ参加者らに対して沿道から大声で抗議する、反差別の意思表示としてプラカードや横断幕を掲げる、拡声器で通行人達にヘイトスピーチが行われておりそれは許されるべきではないということを説明して回る、といったものである。

様々なカウンターが行われることには、下記のような意義があると考えられる。

1　抗議の声でヘイトスピーチを掻き消す。
2　抗議することでデモ隊の攻撃の的をカウンターに向ける。
3　日本社会に抗議者がいるのだということを示して、ヘイトスピーチ被害者の心理的負担を和らげる。
4　ヘイトデモ隊に参加することへの心理的負担を与える。
5　警察に適切な仕事をさせる。
6　社会問題化させる。

多種多様な行動類型はあるが、一点だけ共有されているのは、「非暴力」ということである（二〇一三年二月に結成され、今日の大規模かつ民衆的なカウンター抗議行動の先陣となった所謂「レイシストをしばき隊」においても、「非暴力」の方針は周知徹底されてきた）。

カウンター抗議活動に参加する市民たちもまた多種多様であり、出自においても日本人であると在日であるとを問わず、「差別に反対する者」としての抗議が行われてきた。「日本人マジョリティvs在日マイノリティ」という構図ではなく、「差別主義者たちvs差別に反対する者たち」という構図を据えることで、カウンター抗議行動は日本社会における大衆的広がりを獲得してきた、ともいえる。

3　日本国政府や国連人種差別撤廃委員会による反応等、社会的動向について

二〇一三年五月七日と五月九日にかけて、参議院でヘイトスピーチ問題について質問が挙げられ、首相の安倍晋三は「一部の国、民族を排除する言動があるのは極めて残念なことだ」と、谷垣禎一法務大臣は「憂慮に堪えない。品格ある国家という方向に真っ向から反する」とそれぞれ語った。さらに谷垣大臣は同年五月一〇日の記者会見で、ヘイトスピーチについて「人々に不安感や嫌悪感を与えるというだけでなく、差別意識を生じさせることにもつながりかねない。甚だ残念だ。差別のない社会の実現に向け、一層積極的に取り組んでいきたい」と述べ、同年五月二二日には、菅官房長官が「人々に嫌悪感を与えるだけでなく、差別意識を生じさせる。人権が尊重される社会がわが国にとって当然であり、極めて残念な行為だ」と述べた。

二〇一三年当時においても街頭でのヘイト活動は未だ収まりを見せてはいなかったが、政府要職者らから上記のような認識が表明されるに至った。

それと並行するように、国連人種差別撤廃委員会は、二〇一四年八月二九日、日本政府に対して、「ヘイトスピーチを取り締まるために法改正に向けた適切な措置」「デモの際に公然と行われる人種差別などに対する対処」等を勧告し、これも社会的耳目を集めた。二〇一〇年夏にも同じく国連人種差別撤廃委員会は、ヘイトスピーチに対処するよう勧告を出してはいるが、カウンター弾圧への言及

の有無が二〇一〇年と二〇一四年とでは違う。二〇一〇年から二〇一四年にかけて、日本社会においては「対処されるべき問題として、人種差別がある」ということが認識されるに至ったということになる。

その後、法務省も、「ヘイトスピーチ、許さない。」の標語と共に「ヘイトスピーチに焦点を当てた啓発活動」を展開するに至る。二〇一四年八月のジュネーブにおいては「立法によって対処すべき人種差別はない」というのが依然として日本政府（外務省）の態度ではあったけれど、勧告を経て、世論の注目もあり、行政としてもヘイトスピーチ問題を無視できなくなった。

ただし、行政的な対処だけではなく、立法的対処、しっかりと「ヘイトスピーチ、許さない。」とする法が成立するまでには、さらに時間を要した。

巷間「ヘイトスピーチ解消法」とも称される「本邦外出身者に対する不当な差別的言動の解消に向けた取組の推進に関する法律」が成立したのは、二〇一六年（平成二八年）五月二四日のことである。

4　ヘイトスピーチ解消法について

理念法であるという同法の性格上、その規定振りは、日本国の外にルーツを持つ人々に対する差別や危害の告知、著しい侮蔑となるような不当な差別的言動、所謂ヘイトスピーチを、よくない（「許されない」）とするに留まった。このような法律が実際に使い物になるのか、実際にヘイトスピーチを堰き止めることができるのかという不安は法案成立後に多く見られたが、横浜地方裁判所川崎支部では、同法に言及しながらヘイトデモを差し止める仮処分決定が下されるなど、同法が制定されたことによるポジティブな影響は着実なものとして見られた。

日本社会の態度も変わってきており、ヘイトデモ活動はやりにくくなっているようで、実際にヘイトデモへの参加人数も減ってきた。これは間違いなく運動の成果であり、市民社会の努力の結果であり誇るべきことだと思われる。

また、同法三条においては、「（基本理念）」として、「国民は、本邦外出身者に対する不当な差別的言動の解消の必要性に対する理解を深めるとともに、本邦外出身者に対する不当な差別的言動のない社会の実現に寄与するよう努めなければならない。」と定められており、「国民」がヘイトスピーチに反対することの正当性を確認し、努力義務を定めている。

5　警察対応の問題

ここで余談として、警察対応の問題について述べておく。

全国各地で週末に行われているヘイトデモ行進に対しては、市民が沿道から並走するかたちでこれに抗議するという状況が一般化しており、要所において司法警察職員らが沿道の通行を封鎖し排外デモに対する市民からのカウンター抗議を妨害するという状況も、これまた一般化している。

しかしながら上述したとおり、司法警察職員らが沿道の通行を封鎖し、抗議者らの通行を阻害する法的根拠は何ら存在しない。当然ながら、封鎖の現場において、市民らが司法警察職員らから通行封鎖の法的根拠について回答を得たこともない。警備担当の司法警察職員らは、「警察法二条によりトラブル防止のために封鎖する。」と述べることもあるが、そのような抽象的かつ具体的事実に基づかない理由でもって、抗議者らの通行の自由、人種差別と排外主義に反対するカウンター抗議表現の自由を侵害することは到底許されない（警察法二条二項参照）。

ヘイトスピーチ解消法施行以前においても、ヘイトデモ行進が行政当局により許可され、現場警備が展開されているという事態は、日本国が批准している「あらゆる形態の人種差別の撤廃に関する国際条約」二条一項（b）（d）及び四条（c）に違反するものであり、そもそも違法であったと考えられる。かりにヘイトデモ行進における人種差別と排外主義を扇動する表現が日本国憲法二一条一項により保障されるというのであれば、カウンター抗議表現の自由も、まったく同様に厳に保障されなければならない。

にもかかわらず、「トラブル防止のため」と称して、カウンター抗議表現の自由を阻害する司法警察職員らの行為は、およそ「中立」と呼びうるものですらなく、公務の適正な執行にあたらないことは言を俟たない。かかる事態については、先述国連・人種差別撤廃委員会による勧告にも問題として含まれていた（同勧告一一（a）「集会の場における人種差別的暴力や憎悪の煽動、また憎悪や人種差別の表明についての毅然とした対処の実施」に関する適切な方策を採るべき旨の勧告）。

ただし、右記のような傾向は、社会的雰囲気次第のところもある。ヘイトスピーチ解消法の成立後には、「ヘイトスピーチ解消法の趣旨に沿ってデモ行進参加者は言動に注意するように」等のアナウンスが行われることもあり、若干の改善傾向が見られている（抗議市民の側から警察に対してアナウンスを行うよう求めることもある)。

6　カウンター抗議者らへの「ヘイトクライム」
——排外主義・人種主義的動機による行為の評価

さらに余談として、ヘイトクライムの問題についても述べておく。

排外主義・人種主義的主張を掲げ人種等特定の属性を有するマイノリティ集団への「ヘイトスピーチ」を主目的とするデモ行進又は街頭宣伝活動は、これまで述べたとおり現在の日本国内においてひろく行われている。そして、かかるヘイトデモ・街宣行為者らが、抗議者や通行人、「ヘイト」の対象となるマイノリティらに対する物理的な攻撃に及ぶ事例も多々みられる。

ヘイトデモ・街宣行為者らが同行為の前後若しくはその最中に他者に対して行う物理的攻撃は、攻撃者らの排外主義・人種主義的主張と深く関連性を有する動機に基づくものであり、現実の被害者が社会における脆弱性を有するマイノリティ集団であるか、カウンター抗議者であるか、はたまた通行人であるかを問わない(実際にも、各攻撃の被害者は、おしなべて「在日」若しくは「朝鮮人」等と攻撃者らからは見なされていた)。

そのため、かかる攻撃については、「偏見や憎悪に基づいて動機付けされた行為であると被害者や第三者によって認知・理解され、かつ現行法上の犯罪を構成する行為」たる、所謂「ヘイトクライム」と評価されるべきである。

前述した排外主義・人種主義的な偏見や憎悪に基づいて動機付けされた犯罪行為たる「ヘイトクライム」について、刑事事件として立件された具体例としては二〇〇九年一二月の京都朝鮮学校襲撃事件がある。

もっとも、京都朝鮮学校襲撃事件に関する威力業務妨害、侮辱、器物損壊の罪責の当否が問われた刑事裁判においては、被告人らの排外主義・人種主義的な動機が考慮されることはなかった。審理の経過において、被告人らは人種差別行為に対してまったく無反省であることを公判廷で堂々と認めていたにもかかわらず、同事件において被告人らに対しては執行猶予判決が下された。

そしてその後、被告人らはことごとく自身らの排外主義・人種主義的主張を改めることがなかった（被告人らのなかには、執行猶予判決後の二〇一二年三月に所謂「ロート製薬強要事件」と呼ばれるヘイトクライムに及んだ者もいる）。

ことさように、現行の刑事司法実務においては、犯罪行為の動機が排外主義・人種主義的な偏見・憎悪に基づくものであってもその犯情の悪質性を十分に考慮せず、不当に軽い量刑で処理されるため、同種の再犯が後を絶たないこととなっている。

かかる事態は、犯罪行為に及んだ者の更正に関する特別予防的見地からして、改められるべきものである。

ここ数年来、ヘイトデモ・街宣行為者らの行為に関しては、現行法違反の明らかな犯罪行為であるにもかかわらず（そしてときには捜査員らが当該行為を現認しているにもかかわらず）、検知されず若しくは適正な捜査権行使がなされず、訴追にも至らないという事態が多く見られてきた。かかる事態は、ヘイトデモ・街宣行為者らの表現行為が何らかの政治思想の発現と見なされてきたことにより、「表現の自由」への誤った配慮がなされたためと推察される。しかしながら、現行法下においては適法とされる政治思想の表現行為と、現行法違反のたんなる犯罪行為とが的確に峻別されるべきことは言を俟たない。少なくとも、ヘイトクライムに関して、「ヘイトクライムであるが故に処罰を免れる」という転倒した事態の蔓延は厳に是正されるべきである（この点については、ヘイトスピーチ解消法成立後もあまり改善傾向が見られない）。

7　インターネット上のヘイトスピーチについて

ヘイトスピーチ解消法には、同法の施行にあたって特段に配慮すべき事項として「3　インターネットを通じて行われる本邦外出身者等に対する不当な差別的言動を助長し、又は誘発する行為の解消に向けた取組に関する施策を実施すること。」との附帯決議がなされている。

近年のヘイトスピーチが、街頭とインターネット上との両輪で進められてきたことに鑑みれば、インターネット上でのヘイト活動（これにはインターネット上での付きまとい行為等も含まれる。「オンラインハラスメント」とも呼ばれる）への対処が問題となるが、具体的な対処法は確立されていない。これは、インターネット上のサイト管理者やプロバイダ会社等が、日本国外に本社を置いており、日本国総務省、行政等の公権力による指導・要請が十分に行き届かないという、特殊な問題もある。

ヘイトスピーチ解消法の趣旨を「日本国内インターネット」にも及ぼすべく、法律や条例の制定が期待されるところである。

おわりに

ヘイトスピーチ解消法成立から三年が経過し、街頭でのヘイトスピーチは緩和された。もっとも、忘れられてはならないのは、同法は、数ある「差別」の問題のうち「ヘイトスピーチ」に限定した対処がなされたに過ぎない、ということである。

しかも、ヘイトスピーチに限ってすら「法の抜け穴」が多くみられる。在特会元会長の桜井誠は、二〇一六年夏の東京都知事選に出馬し、選挙運動の名目でヘイトスピーチを街頭のそこかしこで垂れ流した。そして同人は、一一万四〇〇〇票を獲得し、堂々の第五位につけた。確かに、都知事選中の桜井誠は、過去のように「殺してやるから出てこい」だとか、著しく侮蔑的な差別用語だとか、そういうヘイトスピーチは控えていたようであるが、「本邦外出身を理由として地域社会からの排除を煽動する不当な差別的言動」は行っていたにもかかわらず、これがヘイトスピーチ解消法に反する人権侵害であると法務省が判断することはなかった（選挙期間中であったことが考慮されたか否かは不明である）。

また、「ヘイトスピーチ」自体は、依然として街頭以外のそこかしこで見聞するところである。実際にも、「在特会」が言ってきたような排外主義的扇動表現は、いま現在も週刊誌の中吊り広告やTVワイドショーでのコメンテーター発言そしてインターネット上に見られる。

そして、かりにヘイトスピーチという現象だけが収まっていても、上品に控えめになされる差別の問題、逆に直接的に振るわれる差別的暴力の問題、空気のように在日を排除する制度の問題についてはこれまでも、これからも社会問題化して改善の糸口を図っていく必要がある。近隣地区集会やタウンミーティング、市民間での教育、カウンター運動によって社会や政治に参加していく等のストロングデモクラシーによって、日本社会を、日本人にとっても在日同胞にとってもその他定住外国人にとっても暮らしよいものにしていかなければならない。

第3章　在日コリアン弁護士に対する無差別・大量懲戒請求

金　竜介

1　弁護士に対する懲戒制度

弁護士（弁護士法人）が、弁護士法や弁護士会・日弁連の会則に違反したり、弁護士会の秩序・信用を害したり、品位を失うべき非行を行ったときには、所属する弁護士会が懲戒処分することが弁護士法で定められている。

弁護士には監督官庁がなく、弁護士会が弁護士自治による運営を行っている。弁護士は市民の権利を守るため、ときには公権力と対峙することも多くあることから戦後に確立されたのが弁護士自治の制度である。戦前は司法大臣が弁護士の監督権を有していたため、対立する検事や裁判所からの請求により司法大臣による弁護士への懲戒が横行した。そのような歴史を教訓として、人権擁護と社会正義を実現するために、弁護士会がいかなる権力にも屈することなく、自由独立でなければならないとの理念に基づいて作られた懲戒制度は、弁護士自治の根幹をなすものである。

二〇一六年以降、この懲戒制度を悪用して、在日コリアンの権利を守るための弁護活動をした弁護士、在日コリアンの弁護士に対する無差別・大量の懲戒請求がされるという異常な事態となった。

本章では、執筆者に関連する裁判を中心に話を進めることとする。

2　大量懲戒請求

二〇一七年一一月から一二月にかけて東京弁護士会の一八名の弁護士に対して、「余命三年時事日記」というブログに煽られた約九六〇名の者が懲戒請求を申し立てた（他県の弁護士会でも同時期に発生）。懲戒請求の対象とされた弁護士一八名の内、多くは二〇一六年度の東京弁護士会や日弁連の役職にあった者であったが（全く無関係の弁護士が一名）、その他の八名は、共通する業務内容がない在日コリアンの弁護士であった。

懲戒理由は、弁護士会が発した朝鮮学校補助金に関する声明が弁護士会の犯罪行為であること、対象国である「コリアン弁護士会」（正しい名称は「在日コリアン弁護士協会」）との連携が外患罪に当たり、売国行為であるというものであった。

東京弁護士会は「被調査人を懲戒しない」との決定をし、弁護士会の懲戒手続は終了した。

3　大量懲戒請求の発端

この無差別・大量懲戒請求は「余命三年時事日記」というブログが発端であった。これは、余命三年を宣告されたという人物が日本のために韓国や在日コリアンの真実を広く知らせるために開始した

という ブログであり、『余命三年時事日記』『余命三年時事日記 外患誘致罪』（いずれも青林堂）などの出版物もある。

このブログは、在日コリアンに関するデマ・偏見を意図的に流しており、「スヒョン文書」（在日韓国人が「在日特権」や「日本征服計画」について画策する記録が存在するとのデマ）、在日韓国人は二〇一五年七月九日をもって在留資格を失い、全員が不法滞在となるとのデマなどを流布していた。

自治体が朝鮮学校へ補助金を支出することにつき国が再考を促したこと（事実上の補助金支出停止の要請）について、二〇一六年に日弁連や全国の弁護士会が批判の声明を出したところ、このブログ主が、弁護士会の幹部らを外患誘致罪や内乱罪で検察庁に告訴するように呼び掛けた。当然のことであるが、この告訴が受け付けられるはずはなかった。続いてブログは「この件は懲戒請求をもって対応する」とし、弁護士会への懲戒請求を呼び掛けたのである。

ブログの閲覧者がコメントで参加を表明すると、懲戒請求書のひな型が届き、そこに住所氏名を記載して指定の住所に郵送し、これを取りまとめた者が、ダンボール箱に詰めて各地の弁護士会に提出したという流れである。

4　懲戒請求者に対する損害賠償訴訟

二〇一八年七月、私ともう一人の在日コリアン弁護士が複数の懲戒請求者を被告とし、損害賠償請求訴訟を提起した。根拠のない懲戒請求が不法行為となることは、平成一九年四月二四日最高裁判決があり、不法行為を否定する判決が出ることはないと考えたからである。

二〇一八年以降、東京地方裁判所で複数の判決が言い渡され、慰謝料の金額に差異はあるものの、すべての裁判で違法性を認める判決が言い渡された。地裁判決の多くは控訴され、東京高等裁判所に係属している。

二〇一九年五月一四日、その内の一件につき東京高等裁判所で控訴審判決が言い渡された。私たちが強調したのは、この懲戒請求が、各弁護士の業務ではなく、弁護士の属性、すなわち、在日コリアンであるということのみで懲戒請求の対象にされたということであった。単純な業務妨害行為ではなく、人種差別に該当する懲戒請求であることを司法が認定することを私たちは期待した。

控訴審判決は「本件会長声明の発出主体ではなく、東京弁護士会の役員でもない一審原告が対象弁護士とされたのは、専らその民族的出身に着目されたためであり、民族的出身に対する差別的意識の発現というべき行為」として人種差別であることを明確に認定した。

5　沖縄弁護士会の会長声明

在日コリアンの弁護士を標的とした大量懲戒請求は、全国で行われた。沖縄弁護士会は、この懲戒請求が、当該弁護士の「バックグラウンド」を根拠に狙い撃ちしたものであることが明らかである。そうであるとすると、かかる請求部分は、人がみな本質的に平等であり、人種、民族性、宗教ないし性別等にかかわらず、個人としてその尊厳が保護されるべきとの価値観を真っ向から否定するヘイトスピーチ、あるいはそれと同種の行為であるといわざるを得ず、当会は、その意味においても、断じてこれを容認することが出来ない」との会長声明を発した（二〇一八年七月二四日）。

　この問題は、弁護士が個別に対応すべきものではなく、弁護士会として対応をすべきであるところ、残念ながら沖縄弁護士会以外で意見を表明したものはない。執筆者が所属する東京弁護士会内でも会長声明を出すべきとの強い要請が出たものの、〈懲戒委員会の結論が出たことによってこの問題は終わりであり、弁護士会として対応すべき問題とは考えない〉との副会長の意向によって何らの対応をしないまま今日に至っている。

　東京弁護士会が個々の弁護士に解決を委ねることとし、弁護士会として何らの対応もしないとしたことは、会の責務を放棄したものと評せざるを得ない。

6　懲戒請求者はどんな人たちか

　従来の在日コリアンへの嫌がらせや脅迫は、匿名で行われてきたものが多かった。それは、自分がやっていることが社会的に褒められたものではないことを本人が自覚していたからにほかならない。「在日特権を許さない市民の会」などのレイシスト団体の主要メンバーを除いては、一般市民が行うネットの発言の多くも匿名で行われている。

　しかし、大量懲戒請求では、自身の住所と氏名を記載した書面を弁護士会に提出することを懲戒請求者たちは、全く躊躇しなかったのである。中には、懲戒請求をした相手方に自分の氏名が知らされ

ると は思わなかったという者もいるが、少なくとも公的な性質を有する弁護士会への中立を実名で行うことにためらいはなかったのである。これは、これらの者が自己の行為がいかなる意味でも正当であるとの認識を持っていたからにほかならない。在日コリアンの弁護士であるというただそれだけの理由で社会からの排除を求めることを人間として恥ずかしい行為だと感じることのない社会となってしまったのである。

一連の懲戒請求で明らかとなったのは、多くは五〇代以上であり、二〇代、三〇代は比較的少ないということである（ただし全懲戒請求者を調査したわけではない）。

二〇〇〇年代に街頭でのヘイトデモが五〇〇〇人規模で行われるようになったとき、閉塞する社会の中、将来への希望を失った非正規労働の若者たちがその憤りをマイノリティへぶつけるようになったのではないかと論じられることがあった。

しかし、法廷に現れたのは、ごくありふれた中高年であった。暴力的な様子は感じられず、「朝鮮人をぶち殺せ」とヘイトデモで叫んでいる人間たちとも違う、おそらくは通常の社会生活を営んでいる人間であろうと思われた。間接的に聞いた話だと、懲戒請求をした人たちの中には、震災時にボランティアに参加した「まじめな」人もいるという。

懲戒請求者と対話した弁護士によれば、年金生活をしているというその男性は「余命三年時事日記」のブログを読み、ブログ主が安倍総理と繋がっている大物であり、日本を取り戻すという安倍総理を自分もサポートしようと考えて大量懲戒請求に加わったとその動機を述べたという。

7　この問題の根にあるもの

私が生きる社会に在日コリアンを憎悪する人が普通に暮らしていることに恐怖を感じる。

ジャーナリストの安田浩一さんは次のようにいう。「市民運動や労働運動が遅れていたのは、インターネットへ対応できなかったことではない。レイシズムに対する危機感だ。単に弁護士や、労働組合が攻撃されているならば個別の問題で済むこと。しかしこれは、私たちの社会へ向けられた問題。社会を壊す問題だ」。

この問題はインターネット社会特有のものではない。インターネットが増幅させる道具となったという点はあるだろうが、根本的な問題は、多数派の日本人の持つ韓国人・朝鮮人への憎悪である。〈どんなデタラメでもインターネットは信じさせてしまう〉というネットの弊害の一般論でとらえることは適切な見方とはいえない。

在日コリアンの弁護士に対する無差別・大量懲戒請求は、この社会の多くの問題を目に見えるようにしたものであり、問題の根にあるものを払拭することは容易ではないように思える。

第4章　弁護士大量懲戒請求の問題の意味とヘイトスピーチとの関係

――私の場合

姜　文江

弁護士に対して大量の懲戒請求がなされることが社会的に注目されたのは、いわゆる光市事件の弁護団に対するものが最初だっただろうか。このときは、大量懲戒請求をテレビで呼び掛けたとされる弁護士の責任が裁判で問題とされた。今回は、大量懲戒請求を受けた弁護士が懲戒請求をした市民に対して提訴したということで、しかも、大量懲戒請求は一種類ではなく、複数の弁護士が異なる事由で懲戒請求を受け、提訴した弁護士も複数いたという点で、より一層注目され、多数の報道がなされ、本稿執筆時も各訴訟の動向が注視されている。

もっとも、大量懲戒請求を受けた当事者の一人として、これまでの報道ではこの問題の意味や背景が十分社会に伝わっていない、という思いがあるので、ここに、私について起こった出来事、これに対して今私が考えていることを書こうと思う。

1　ヘイトスピーチデモとの関わり

私は、二〇一三年六月、新宿でヘイトスピーチデモが予告されていると聞き、はじめて見に行った。私は以前、いわゆるニューカマーと呼ばれる外国人の問題に取り組んでいたので、外国人に対する酷い内容のスピーチを行うデモが各地で行われていると聞いて心配はしていたが、その頃は別の分野の問題に取り組んでいたので、どんなことが起こっているのかちょっと見てみよう、という程度の他人事の軽い気持ちで行ったのだった。

しかし、そのデモで行われているスピーチの内容、デモに対する警察の態度を見て、強いショックを受けた。

そこでは、「朝鮮人は殺せ」「出て行け」などと公然と叫ばれていた。しかも、そのデモの参加者は、例えば同じ服装をした明らかに何らかの集団とわかるような特殊な人たちではなく、普通のシャツやジーパン、あるいはジャケットを着ていたり、きれいなスカートをはいているなど、普通に私の周りに身近にいそうな人たちであり、幼い子供を連れた若い女性などもいた。そんな「普通の人」が拡声器を手にしてニヤニヤ笑いながら汚い言葉を罵り、在日コリアンを排斥する旗を掲げ、デモ行進に参加していた。さらに異様だったのは、このような集団をデモ参加者の数倍もの多数の警察官が取り囲んで護衛していることだった。

このデモでは誰かを特定して攻撃していたわけではないし、私が在日コリアンであることや、私の名前が「姜」（朝鮮半島や中国など大陸に多い氏）であることなどデモ行進をしている人たちは知らなかったと思うが、今、ここで私がいることがこの人たちにばれたら、一斉に取り囲まれてリンチされるのではないかと思うくらいの恐怖を私は感じた。ちなみに、私は弁護士という資格を持っており、当時すでに一〇年以上の経験を積んでいたので、突発的なトラブルにも慣れており、些細なことには動じない自信もあった。体力的にも、大学時代は体育会運動部に所属し武道有段者であり、少なくとも同年代の女性よりは体力があるという自信もあった。しかし、そんな私の知識や経験、体力は何の役にも立たず、今ここで自分が襲われるかもしれない、今後どこかでこの人たちに襲われても警察は助けてくれないかもしれない、と恐怖心でいっぱいになった。

2　川崎ヘイトデモ禁止仮処分事件

二〇一六年、川崎で、新宿で行われたのと同じようなヘイトスピーチデモが行われると予告されていると聞き、私は、新宿で受けた自分の恐怖を川崎の在日コリアンの人たちが受けないよう、ヘイトデモを禁止する仮処分命令申立事件の申立人代理人となった。横浜地方裁判所川崎支部裁判官はこの申立てを受けてヘイトデモを禁止する旨決定した（平成二八年六月二日横浜地方裁判所川崎支部決定）。

3　大量懲戒請求

第一弾

私は、二〇一七年六月以降、合計一一四一名から「神奈川デモ関連での虚偽申告申し立て、及び違法である朝鮮人学校補助金支給要求声明に賛同し、その活動を推進する行為は、日弁連のみならず当会でも積極的に行われている二重、三重の確信的犯罪行為である。」という理由で懲戒請求を受けた。

懲戒請求書の他の内容を見て、「神奈川デモ関連での虚偽申告申し立て」というのが前記の川崎へイトデモ禁止仮処分事件に対する不満であることがわかった。しかし、「違法である朝鮮人学校補助金支給要求声明に賛同し、その活動を推進する行為」については、内心では賛同しているが、行為としては思い当たるものがない。「当会」という言葉が出ていることから、神奈川県弁護士会が公表した朝鮮学校に関する声明に対する不満らしいが、私個人に対する懲戒請求としては筋違いである。

第二弾

さらに私は、二〇一七年一一月以降、合計九五八名から「違法である朝鮮人学校補助金支給要求声明に賛同、容認し、その活動を推進することは、日弁連のみならず傘下弁護士会および弁護士の確信的犯罪行為である。利敵行為として朝鮮人学校補助金支給要求声明のみならず、直接の対象国である在日朝鮮人で構成される在日コリアン弁護士会との連携も看過できるものではない。この件は別途、外患罪で告発しているところであるが、今般の懲戒請求は、あわせてその売国行為の早急な是正と懲戒を求めるものである。」という内容の懲戒請求も受けた。

最初の文章は、第一弾と同じ理由で筋違いの懲戒請求と思われた。

しかし、二番目の文章は気になった。「在日コリアン弁護士会」という弁護士会は実在しないが、当時、私は任意団体である在日コリアン弁護士協会には加入していたからである（代表には二〇一八年八月に就任したため、当時は代表ではない）。もっとも、この協会は会員名簿を公表していなかったにもかかわらず、この懲戒事由で他の複数の会員が懲戒請求を受けており、さらに調べると、在日コリアン弁護士協会の会員でない在日コリアン弁護士も同じ懲戒事由で懲戒請求を受けていたらしいことがわかった。要するに、在日コリアン弁護士協会とは関係なく、単に在日コリアンであることがわかる氏名を用いた弁護士を標的として大量懲戒請求が行われていたのである。

また、懲戒請求書の内容から、この懲戒事由は、神奈川県弁護士会が在日コリアン弁護士と連携している、という不満を意味することがわかった。しかし、神奈川県弁護士会と在日コリアン弁護士協会は「連携」などしておらず、単に私のような在日コリアン弁護士が神奈川県弁護士会に登録している、という事実があるのみである。それが、弁護士会に対する不満となって表れていた。これは、在日コリアンを差別し、弁護士会に対して圧力をかけようとするものであると感じた。

第三弾

さらに、私は計九五七名から「神奈川デモ青丘社関連での代理人虚偽申告申し立ては、確信的犯罪行為である。」という事由で懲戒請求を受けた。このときには、すでに第一弾の懲戒請求について弁護士会が懲戒しない旨の決定を出していたので、この第三弾は、第一弾の〈筋違い〉の部分を外して、川崎へイトデモ禁止仮処分事件について再度しつこく大量懲戒請求をしたものであった。このような仮処分事件の中立人代理人を引き受けただけで大量懲戒請求を受けると知ったら、ヘイトスピーチデモを止めてほしいと相談・依頼を受けても断ってしまう弁護士が出てくるのではないだろうか。これは、ヘイトスピーチデモを止めようとする弁護士に対する牽制だと感じた。

私に対して行われた大量懲戒請求は以上であるが、二〇一八年八月に第三弾についても弁護士会から処分しない旨の決定が通知され、これで一段落ついたかに思えた。しかし、まだ私に対する攻撃は終わっていなかった。

4　私を被告とした訴訟

二〇一八年年末最後の出勤日、裁判所から私に対する訴状が届いた。私は一〇月に七二〇名の原告から訴えられていたのだった。訴えた理由は、第一弾の大量懲戒請求に関して私が不当な懲戒請求であるから謝罪して慰謝料を支払うよう求めたことが、「脅迫」にあたるからだという。

しかし、懲戒請求が事実上又は法律上の根拠を欠く場合において、請求者が、そのことを知りながら又は通常人であれば普通の注意を払うことによりそのことを知り得たのに、あえて懲戒を請求するなど、懲戒請求が弁護士懲戒制度の趣旨目的に照らし相当性を欠くと認められるときには、違法な懲戒請求として不法行為を構成する（平成一九年四月二四日最高裁第三小法廷判決）。

私に対する第一弾懲戒請求における川崎ヘイトデモ禁止仮処分事件は、虚偽の申告などをしていないことはもちろん、裁判所が資料を確認し、デモ主催者の意見を聞く場を設けた上で（デモ主催者は来なかったが）決定を出したものである。虚偽の申立てであれば、デモ主催者はその場で反論すればよいし、裁判所も決定など出さないだろう。したがって、懲戒請求には事実上も法律上も根拠がなく、それは常識ある普通の人であれば容易にわかったはずである。ヘイトスピーチデモを行うために、これを止めようとする代理人弁護士に対して牽制する目的で、あえて懲戒請求は行われたのである。したがって、私が謝罪や慰謝料を求めたことは、何ら違法ではなく、正当な権利の行使であって「脅迫」などではない。

この裁判は本稿執筆時においてまだ終結していないが、私はこのような主張をしている。

5　今、考えていること

このように、私は、私に対して第一弾の懲戒請求を申し立てた人に対して謝罪と慰謝料を求めた。もっとも、その後、さらにこれを任意に支払わない人に対して訴訟を提起することまではしていない。それは、途中から、このような私や在日コリアンに対する差別をなくすために、裁判に訴えてまで慰謝料を求めることが解決策になるのか疑問に思うようになったからである。

在日コリアンを攻撃する内容のヘイトスピーチデモを止めるための弁護士活動をしたことや、在日コリアン弁護士であることは、いずれも非難されることではない。それにもかかわらず懲戒請求をしてくるということは、在日コリアンに対する差別であるから、これが許されないことを示すために徹底して慰謝料を求めることは一つの対応策であるといえる。

もっとも、裁判というのは、紛争の金銭的解決策にはなっても、本心からの謝罪など抜本的に差別をなくすための解決策にはならず、むしろ、主張を対立させることによって、相手方（ここでは、私を被告とした訴訟を提起した多数の原告らのことを念頭に置いている）との分断を深める可能性の方が高い。それでは差別をより深めることになるのではないか。もっと異なる別の差別がなくなる方法はないだろうか。なぜ、私と相手方との間には溝ができてしまったのか、その溝はどうしたら埋まるのか。

今、私はそんなことを考えている。

最近、社会のいろいろなニュースを見聞きして、他人のことを徹底して攻撃したり、自分と異質な人であるとして強い口調で攻め立てる人が増えたように感じている。私は、仕事柄、様々な立場の人、例えば、どうしようもなく追い詰められた状況下で犯罪をしてしまった人、ちょっと静かにできずに独り言を口に出したり被害的な妄想を言ってしまったために長期間強制的に入院させられている人、体調不良で働くことができないために若いけれど生活保護を受けている人などに出会い、社会にはいろいろな人がいて、どこかで支え合う必要があると実感している。でも、社会から、周囲の人から支えてもらえないために独りでがんばっている人も多い。そんな報われないような社会に憤りを感じて、どこかに、誰かにその不満の原因を見出し、それを追及することがより良い社会を求めるために必要だと思って行動する人もいるだろう。でもその原因究明が不十分であるとき、前提としている事実の認識に何らかの誤解があるとき、社会に良かれと思って行った行動が、激しい差別になってしまっていることはないか。そんなことも考えている。

だから、今は、私を訴えた原告の人たちが考えていることを聞きたいと思っている。そして、できるなら話し合いたい。あなたが私に対して行ったことは、あなたの考える社会の問題を本当に解決することになっているのでしょうかと。

私は、自分に対し提訴した後に訴えを取り下げた一部の人に、裁判の代理人となってくれた弁護士を通じて手紙を送り、慰謝料の支払いではない、違う形の和解を希望した。この手紙は、私を訴えた人、私に対し懲戒請求をした人だけでなく、在日コリアンを排斥する主張をするすべての人に読んでほしいと思っている。訴えを取り下げない人とは和解はできないが、私の気持ちは伝えたいと、訴訟でも主張した。訴訟を維持する人は、私の考え方についてどう思ったか、反論してほしい。ここに、その一部を抜粋する。

○○様
私は、私のこと、あなたがやったことによって受けた私の気持ちをあなたに知ってほしいと思い、代理人を通じてこの手紙を書くことにしました。（中略）
私は、日本人とコリアンの両親の間に生まれ、日本の普通の学校に通い、ほとんどの友達が日本人ですが、コリアンであるということを理由に傷つけられたことなく、これまで普通に生きてきました。生まれ育った日本は私の故郷だと思っています。ただ、自分の中に半分ある韓国朝鮮のアイデンティティも大事にしたいので、「姜　文江（きょう　ふみえ）」という名前で生活しています。

それが、二〇一三年に新宿で行われたデモで、在日コリアンを侮辱・罵倒し、日本から排斥する主張が延々と続いているのを見て、私は強い恐怖とショックを受け、ここで「私は姜文江です」と名乗ったら自分自身が攻撃されるだろうと思いました。そのときのショックは一日でなくなることはなく、あの恐怖は今でも覚えています。

二〇一六年、川崎で同じようなデモが行われるおそれがあるから、そのようなデモを止めるために裁判手続きの代理人になってほしいと言われました。私は新宿で自分が受けた恐怖を川崎で暮らす在日コリアンの人たちが感じないよう、弁護士として申立人の代理人になりました。

あなたは、そのような私の弁護士としての活動について、「虚偽申告申し立て」として弁護士会に対して懲戒請求をしました。

弁護士会の懲戒制度というのは、一番重い処分としては弁護士の資格を剝奪するもので、弁護士にとっては請求を受けただけで緊張する重い制度です。私は、川崎のデモを禁止した事件については、きちんとした証拠を提出した上で裁判所が判断したものですので、申立代理人となったことは間違っていなかったと思っていますし、虚偽申告ではありません。それでも、二〇一三年の新宿のデモによって、それまで自分を受け入れてくれていた日本社会の中に自分を攻撃する人がいたことにショックを受けていたので、弁護士会の懲戒請求についても、もしかしたら自分を攻撃して懲戒処分をしようとする人がいるかもしれない、と不安を感じました。最終的には弁護士会は懲戒処分をしないという判断をきちんと出してくれましたが、その決定が出るまでの間は落ち着かなかったです。だから、根拠なく安易に懲戒請求をしたあなたに対して、この苦痛に対する代償として慰謝料を支払ってほしいと通知を出しました。

（中略）

あなたは、「在日コリアン弁護士会との連携」という懲戒事由でも私に対して懲戒請求をしました。これは、私の氏名から在日コリアンであることが推測されたからであると思われますが、私にはなぜ在日コリアンであることを理由に懲戒請求されるのか理解できず、国籍や民族を理由として差別を受けていると感じました。川崎のデモで行おうとしていることも、川崎に暮らす在日コリアンの人たちに対する差別行為です。

私は、在日コリアンですが、それだけで排除される理由は何もないと思っています。また、コリアンだということだけで、何かを決めつけられたり、非難される理由もないと思っています。

あなたは、例えば外国人から「日本人はこうだから」と言われたら、すべて自分のこととして受け入れられるでしょうか。あなたが、あなたという唯一のかけがえのない一人の人間／存在であるのと同じように、私も、「在日コリアン」であるだけでなく、生まれてからいろんな経験を積んで今まで生きてきた、一人の個性ある生身の人間です。川崎に暮らす在日コリアンの人たちも、抽象的な「在日コリアン」という集団ではなく、それぞれ個性があり、送ってきた人生が異なる一人一人の人間です。だから、一人一人の人間であることを無視し、自分ではどうしようもない属性（在日コリアンであること）によって私や川崎に暮らす在日コリアンの人たちを差別したり、これを理由に排斥する主張をしようとデモを行うことを、私は許せませんでした。また、それは多くの在日コリアンである人たちに恐怖や不安を与えるものであって、表現の自由で保障すべき言論ではなく、ただの差別行為ですから、これを禁止するために川崎の事件の代理人となりました。

以上のことから、私は、川崎のデモについて私が禁止を求めた弁護士活動が虚偽申告でも違法でもなく、そのことについて懲戒申立てをしたことや提訴したことについて、理由がなく違法であったことを認めてほしいと思いますし、これらの懲戒申立てや提訴が私の正当な弁護士活動に対する牽制・妨害であったことも認めて謝罪してほしいと思っています。また、私に対して在日コリアンであることを理由に差別したことも認め、謝罪してほしいと思います。そして何より、今後、このような一人一人の人間性を無視して排除するような、差別的なことを二度としてほしくないと思っています。

（中略）

ただ、あなたにも言いたいことがあるのではないかとも思います。今まで私は自分の話だけをしてきましたが、あなたにもあなたの考えがあって、今まで懲戒請求書や訴訟の選定書に署名押印してきたのかもしれません。ですから、もしあなたが自分の言い分も聞いてほしいと希望するのでしたら、それを聞いたうえで、別の形で和解することも考えています。

あなたのお返事をお待ちしています。

これは、今、私が精いっぱい考え抜いた差別をなくすための行動の一つである。他にも違う形で、少しずつ、あるいは、遠い未来を考えて、自分ができることを進めている。それはまた別の機会に実現した時、あるいは一つの形になったときに、発表できると思う。

私は、今回の訴訟に多くの日本人弁護士、とくにこれまで別の分野で活躍されており、ヘイトスピーチ問題についてはとくに関わってこられなかった弁護士の方々が、熱心に代理人として関わってくださったことにとても勇気づけられている。今進めている和解の話も、弁護団の中で議論して私が辿り着いた結果である。だからこそ、この問題は、一部の人だけの問題ではなく、今後さらに、日本社会の問題として共有されていくと実感している。

この原稿を書き終わったと思った直後に、新たな第四弾の大量懲戒請求を受けた。私のやろうとしていること、懲戒請求をしている人にもしあわせになってほしいという思いもくじけそうになるが、いつか話し合えば理解し合える、という希望も捨てたくない。そして、こんな私を支えてくれる人たちもいる。私のやっていることは小さいかもしれないが、一人ひとりが本気で差別をなくすことを考えていけば、それが積み重なっていけば、誰もが住みやすい社会になると信じている。

和解することのできた原告の方が贈ってくれた切手シート

第5章　インターネット上のヘイトスピーチ対策

李　春熙

1　インターネット上のヘイトスピーチ被害の特徴

インターネットは、我々の生活と切っても切り離せないものとなっている。インターネットにより、個人の精神生活、社会生活はその領域、内容を飛躍的に拡大させており、利用者は多大な便益を得ている。パソコン、スマートホンなどはまさに生活必需品となっており、我々は（若い世代においては特に）、インターネットなしには生活を維持できないと言っても過言ではない。

一方で、近時、インターネット上にはヘイトスピーチが氾濫しており、それにより、在日コリアンをはじめとするマイノリティに重大な被害が生じている。

二〇一七年三月に法務省が公表した外国人住民調査によれば、普段インターネットを利用すると回答した外国人のうち、「日本に住む外国人を排除するなどの差別的な記事、書き込みを見た」との質問に「ある」と回答した者（「よくある」、「たまにある」の合計。以下同じ）は四一・六％に達する。そしてそのような記事、書き込みが目に入るのが嫌で、「インターネットサイトの利用を控えた」ことがあると回答した者も、合計一九・八％にのぼる。また、「差別を受けるかもしれないので、インターネット上に自分のプロフィールを掲載するときも、国籍、民族は明らかにしなかった」ことがあるとの回答も合計一四・九％存在した。

在日コリアン青年連合が実施した調査「在日コリアンのヘイトスピーチとインターネット利用経験などに関する在日コリアン青年差別実態アンケート調査報告書」によれば、回答者（一〇代から三〇代の在日コリアン青年）の約半数にあたる四八・八％が週一回以上の頻度でネット上の差別を経験しており、「毎日」と回答した者も一五・八％いた。

同調査は、アンケートの結果をふまえて、「在日コリアン青年はインターネットを利用する際、たとえ遭遇を回避しようとしても、ＳＮＳでは特に、ヘイトスピーチを経験せざるを得ない」、「差別は、何度経験してもショック・ダメージを受けるものであり、軽減される傾向はみられない」などと分析しており、さらに、在日コリアン青年の大半はインターネットで経験する差別に関して「泣き寝入り」を強いられており、適切な相談先が存在しないという実態を明らかにしている。

このように、インターネット上のヘイトスピーチは、在日コリアンをはじめとするマイノリティに対して、現実の、そして重大な被害をもたらしている。

インターネットは、個人でも、匿名で膨大な量の書き込みを行うことが可能な媒体であり、リアルスペースと比べて悪意や差別意識にもとづく表現が行われやすい。また、一度発信された情報が、複製、引用等されて即座に世界中に伝播していくことがある、その結果として一度発信された情報をネット上から完全に消し去ることは容易ではない、などの特性を有しており、インターネット上でのヘイトスピーチ被害は、ときとして、極めて深刻なものにならざるをえない。

本章では、インターネット上でのヘイトスピーチ被害に対するあるべき対応策を検討する。

2　インターネット上の情報流通に対する規制のあり方

(1) 原則論「オフラインにおいて違法なものはオンラインにおいても違法である」

インターネット上で行われる表現行為に関して、一次的な責任を有するのは、当該情報の発信者である。

「オフラインにおいて違法なものはオンラインにおいても違法である」との標語にあらわれているとおり、インターネット上で違法な情報発信を行った者は、オフラインにおける場合と同様に、刑事上、民事上の責任を負う。

特定個人に向けられたヘイトスピーチをインターネット上で行い、それが名誉毀損罪、侮辱罪、脅迫罪等の構成要件に該当する場合には、当該表現がリアルスペースで行われた場合と同様に、刑事上の犯罪が成立する。

近時、インターネット上の表現行為について、刑事摘発がなされた例として以下の例が挙げられる。

在日韓国人の男性に対して、ネット掲示板で実名を挙げて「在日朝鮮人の詐欺師」「イヌやネコを食べている」などと書き込んで名誉を毀損した男性二人の行為について、石垣簡易裁判所は、二〇一九年一月一七日付および同年二月二四日付で、それぞれ名誉毀損罪の成立を認めて罰金一〇万円の略式命令を発した（「毎日新聞」二〇一九年二月七日朝刊）。

在日コリアンにルーツをもつ神奈川県川崎市の少年（当時中学生）に対して、インターネット上の匿名ブログで、少年の実名を挙げて、「如何にもバカ丸出しで、面構えももろチョーセン人面」「見た目も中身ももろ醜いチョーセン人!!!」などと書き込んで侮辱した大分市の六〇代男性に対して、川崎簡易裁判所は、二〇一八年一二月二〇日付で、侮辱罪により科料九〇〇〇円の略式命令を発した（「弁護士ドットコムニュース」二〇一九年一月一六日配信記事）。

上記のような刑事責任に加え、インターネット上でヘイトスピーチを行い、それによって特定個人の権利が侵害されたと評価される場合には、発信者は、当該権利侵害の被害者との関係で、民事上の損害賠償義務を負う。

在日コリアンのフリーライターの女性が、自身に対する誹謗中傷記事を多数掲載したいわゆる「まとめサイト」に対して損害賠償を請求した訴訟で、裁判所が、サイトの記事が名誉毀損、侮辱とともに、ヘイトスピーチ解消法、人種差別撤廃条約の各規定に反する人種差別に該当するとして、二〇〇万円の賠償を命じた事例がある（大阪地裁平成二九年一一月一六日判決、大阪高裁平成三〇年六月二八日判決〔控訴審〕）。

（2）簡易・迅速な削除の必要性

このように、インターネット上で行われたヘイトスピーチについても、オフラインにおけるのと同様、発信者に対して、刑事上、民事上の責任追及が可能である。

しかし、現実には、インターネット上の表現行為は匿名でなされることが多く、発信者の特定に時間がかかる（場合によっては不可能である）などの困難が生ずる。海外のサーバーを利用するなどとして行われる場合には特にそうである。

ヘイトスピーチ被害者が、法的手続を利用して発信者の責任を直接追及するためには、発信者情報開示のために、仮処分を含む複数の法的手続を経由しなければならないことがほとんどであり、そのために生ずる物理的、経済的、精神的負担は甚大と言わざるをえない。削除が実現するまでの間、ヘイトスピーチ情報はインターネット上に放置されて誰もが閲覧可能な状態が継続する。

そこで、裁判所等における手続を経ずに、簡易かつ迅速にヘイトスピーチ情報の削除が実現されることが、被害の拡大防止と実効的救済のために、極めて重要である。

3　現行法のもとでの削除対応の現状

インターネット上の表現活動は、民間事業者の運営するプラットフォーム上での表現が原則形態となっていることから、ヘイトスピーチ情報の簡易・迅速な削除の実現にあたっても、民間事業者による取り組みが極めて重要となる。以下では、民間事業者における対応を中心に、ヘイトスピーチ情報に対する削除対応の現状を整理する。

なお、ヘイトスピーチ情報に対する削除対応は、実務上、対象となる情報が、①特定個人の権利を侵害する情報といえるか、②違法情報または有害情報であるか、のメルクマールに応じた検討が必要なことに留意されたい。

（1）プロバイダ責任制限法による規律

特定個人の権利を侵害する情報については、特定電気通信役務提供者の損害賠償責任の制限及び発信者情報の開示に関する法律（プロバイダ責任制限法）が制定・運用されており、同法の枠内での対応が実務上定着している。

プロバイダ責任制限法のもとで、自己の権利を侵害された特定個人は、プロバイダ等に対して削除要請を行うことができ、削除要請を受けたプロバイダ等は、法が規定する要件を充たす場合には、削除等の措置を講じても損害賠償責任を負わないこととされている。これにより、プロバイダ等による任意の削除措置が促進されることとなる。

また、プロバイダ責任制限法は、自己の権利を侵害された特定個人に、プロバイダ等に対する発信者情報開示請求権を付与しており、これにより、違法な書き込み等を行った個人に対する責任追及が可能となっている。

しかし、プロバイダ責任制限法が削除要請・発信者情報開示請求の対象とする「他人の権利を侵害する情報」は、現状、特定個人の権利を侵害する情報に限られるものと解釈されており、ある人種・民族に属する不特定多数に向けられたヘイトスピーチ情報については、同法が対象とする権利侵害情報には含まれないものとされている。

例えば、特定個人を名指しして「〇〇（特定個人）は朝鮮人だから生きている価値はない。」「〇〇は祖国に帰れ。」などの書き込みを行うことは、特定個人の名誉その他の人格権を侵害するものであるから、現行法上もプロバイダ責任制限法による規律の対象となる。

しかし、特定個人を名指しせず、概括的に「〇〇人は犯罪者だ」「〇〇人を日本から追い出せ」「〇〇人を殺せ」などの書き込みを行うことは、特定個人の権利を侵害する情報とは解されていない（注：文脈によって特定個人の権利侵害が認められる場合もあることに注意）。よって、現状ではプロバイダ責任制限法による削除要請の対象とならないことになる。

（２）約款等にもとづく削除対応

以上のとおり、現状、特定個人の権利侵害情報ではない情報は、プロバイダ責任制限法にもとづく削除要請等の対象にならない。

しかし、以下に述べるとおり、民間事業者は、多くの場合、その約款等においてヘイトスピーチのような違法、有害情報の発信等を禁止事項としており、約款にもとづく削除が可能な地位にある。

事業者の約款にもとづく削除

通信関連業界四団体の代表メンバーからなる違法情報等対応連絡会は、「違法・有害情報への対応等に関する契約約款モデル条項」（以下、「モデル条項」という。）を作成、公表している。

日本国内の多くのプロバイダその他のプラットフォーム事業者は、上記のモデル条項に即した約款を作成している。

モデル条項は、一条で禁止事項を定め、契約者がサービス利用に際して行ってはならない行為を列挙している。この禁止事項の中には、「（3）他者を不当に差別もしくは誹謗中傷・侮辱し、他者への不当な差別を助長し、またはその名誉もしくは信用を毀損する行為」、「（21）その他、公序良俗に違反し、または他者の権利を侵害すると当社が判断した行為」が含まれている。

　そして、モデル条項三条は、一条の禁止事項に触れるような違法・有害な情報を、契約者またはその関係者（モデル条項二条参照）が発信した場合、プロバイダ等は契約者等に対して当該情報の削除等の措置をとることができると定めている。

　上記の削除措置は、約款の規定に基づき行われる以上、当該削除措置について、プロバイダ等が契約者との関係で損害賠償等の義務を負うことはない。

　ところで、違法情報等対応連絡会は「違法・有害情報への対応等に関する契約約款モデル条項の解説」を作成公表していたが、二〇一七年改正前の解説では、モデル条項一条（3）の「他者を不当に差別もしくは誹謗中傷・侮辱し、他者への不当な差別を助長し、またはその名誉もしくは信用を毀損する行為」の解釈に関して、「具体的には、特定の個人の名誉を損なう内容や侮辱する内容の文章等をホームページ等に掲載する行為、国籍、出身地等を理由とした個人に対する不当な差別を助長する等の行為がこれに該当します」（傍点筆者）との解説が付されていて、「特定個人」に向けられたヘイトスピーチでなければ禁止事項に直接該当しないかのような解釈が採用されていた。

　しかし、モデル条項解説は、ヘイトスピーチ解消法制定後の二〇一七年三月一五日に改訂され、同モデル条項上の禁止事項に「『本邦外出身者に対する不当な差別的言動』を含むいわゆるヘイトスピーチ」が含まれることが明記された。

以上のとおり、多くのプロバイダ等が採用している約款においては、（不特定多数に向けられたものを含め）ヘイトスピーチの書き込み等は禁止事項とされており、プロバイダ等は、自ら提供、運営するウェブサイト上にヘイトスピーチ等が書き込まれた場合、当該情報を約款に基づき削除することができるし、当該削除について契約者から契約上の責任を追及されることはない。

ヤフー、ツイッターの例

なお、このようなモデル条項に準じた約款を採用していない事業者においても、ヘイトスピーチに該当する情報を発信する行為は禁止事項とされている例が多い。

ヤフー株式会社が公表している利用規約では、第一章の「七　サービス利用にあたっての順守事項」で「(1) 日本国……の法令に違反する行為」「(2) 社会規範・公序良俗に反するものや、他人の権利を侵害し、または他人の迷惑となるようなものを、投稿、掲載、開示、提供または送信（以下これらを総称して「投稿など」といいます）したりする行為」を、それらを誘発する行為や準備行為も含めて禁止している。

ヤフー株式会社は、「ヘイトスピーチ」の定義について、法務省が二〇一五年度に行った「ヘイトスピーチに関する実態調査」において採用した三分類を参照しており、「特定の民族や国籍に属する集団を一律に排斥する内容」「特定の民族や国籍に属する集団の生命、身体等に危害を加えるとする内容」「特定の民族や国籍に属する集団を蔑称で呼ぶなどして殊更に誹謗中傷する内容」の投稿等について、利用規約に基づき削除を行っているとのことである（第二東京弁護士会が行ったヒアリング調査）。

また、Twitter Japan 株式会社は、「暴言や脅迫、差別的言動に対する Twitter のポリシー」を公表している。

そこでは、「人種、民族、出身地、信仰している宗教、性的指向、性別、性同一性、年齢、障碍、深刻な疾患を理由とした他者への暴力行為、直接的な攻撃行為、脅迫行為を助長する投稿」をヘイト行為として、禁止する旨を明示している。

なお、同ポリシーにおいて「Twitter は、利用者が Twitter で攻撃的な行為を受けるならば、表現の自由が脅かされると認識しています。調査によれば、ある特定のグループがオンライン上で特に攻撃的な行為の標的とされています。それには、女性、有色人種、レズビアン、ゲイ、バイセクシャル、トランスジェンダー、クィア、インターセックス、アセクシャルという、社会の非主流派であり歴史的に少数派のコミュニティが含まれます。複数の少数グループに所属する人々にとって、攻撃的な行為は日常的で、耐え難いものであり、標的となる人は大きな影響を受けます」「Twitter は、嫌悪、偏見、不寛容に基づく攻撃的な行為のうち、とりわけ歴史的に非主流派の人々を沈黙させようとする攻撃に対する取り組みを進めています。このため、Twitter は、一部の国や地域で規定されている保護対象のカテゴリーに属する個人への攻撃的な行為を禁じています」との指摘があることは注目されるべきである。

（3）業界団体による通報窓口の運営

違法情報（インターネット上の流通が法令に違反する情報）や有害情報（公序良俗に反する情報や違法行為を引き起こすおそれのある情報等）については、プロバイダやプラットフォーム事業者の個別の取り組みに加え、いわゆる業界団体が、警察等と協力してインターネット利用者からの情報提供を受け付け、必要に応じて警察に通報したり、プロバイダへの削除依頼を行うなどの対策を講じている。

二〇一九年五月現在、「違法情報」については、インターネット・ホットラインセンターが警察庁の委託事業として、通報の受理と、警察への通報やサイト管理者等への削除依頼を実施している。また、「有害情報」については、一般社団法人セーファーインターネット協会が、通報を受理し、削除依頼などの対応を行っている。

しかし、前述の両団体は、二〇一九年五月現在、通報の対象となる違法・有害情報にヘイトスピーチが含まれることを明示していない。セーファーインターネット協会のホームページでは、対象となる「有害情報」として「児童を対象としたいじめの勧誘」「遺体や殺害行為の画像等」「違法行為を直接的かつ明示的に請負・仲介・誘因等する情報」「違法情報に該当する疑いが相当程度認められる情報」「人を自殺に誘因・勧誘する情報」のみが掲げられており、ヘイトスピーチは明示されていない。

この点、現時点において、ヘイトスピーチは刑事罰による規制の対象となっていないことから「違法情報」には該当しないとしても、少なくとも「有害情報」に該当することは明らかであるから、ヘイトスピーチを対象として明示しない各団体の対応は是正されなければならない。セーファーインターネット協会その他の関係団体は、ヘイトスピーチが少なくとも「有害情報」に該当することを前提に、インターネット利用者からの通報を受け付け、プロバイダやサイト管理者等に対する削除依頼を積極的に行うべきである。

（4）法務省人権擁護局による削除要請の可能性

法務省人権擁護局は、二〇一九年三月八日付で「インターネット上の不当な差別的言動に係る事案の立件及び処理について（依命通知）」を発している。

同通知では、人権擁護局における人権救済手続においては、「特定の者」に対する不当な差別的言動を救済措置の対象とするという原則論を維持しつつも、集団等が差別的言動の対象とされている場合であっても、「①その集団等を構成する自然人の存在が認められ、かつ、②その集団等に属する者が精神的苦痛等を受けるなど具体的被害が生じている（又はそのおそれがある）と認められるのであれば、やはり救済を必要とする『特定の者』に対する差別的言動が行われていると評価すべきこととなる」としている。

そしてさらに、「……調査の結果、人権侵犯性が認められない差別的言動であっても、その調査の過程において、当該差別的言動がヘイトスピーチ解消法第二条に規定する『本邦外出身者に対する不当な差別的言動』に該当すると認められたものについては、プロバイダ等に対し、その旨の情報提供を行い、約款に基づく削除等の対応の検討を促すことが望ましい」として、不特定多数に向けられたヘイトスピーチであっても、人権擁護局からプロバイダ等に対して情報提供をして削除対応を促すという対応をとる余地を残している。

（５）諸外国における対策を参考に

諸外国においては、インターネット上におけるヘイトスピーチ拡散防止が、民主主義社会の維持のために急務であるとの認識のもと、インターネットサイトの運営企業らと協調した対策が講じられるに至っている。

例えば、欧州委員会は、二〇一六年、Facebook、Twitter、YouTube、およびMicrosoft（「ＩＴ四社」）と合同で、欧州における違法なオンラインヘイトスピーチの拡散に対抗するための、一連の方針を含む行動規範を発表した。同行動規範のもとでは、ヘイトスピーチの削除要請があった場合、通報を受けてから二四時間以内に、違法なヘイトスピーチを除去するため削除等の措置をとることとされている。

さらにドイツでは、二〇一七年、「ソーシャルメディアにおける法執行を改善するための法律」（ネット執行法）が制定されている。同法は、利用者二〇〇万人超のＳＮＳ・メディア企業に対して、ヘイトスピーチやフェイクニュース、違法コンテンツの速やかな削除を義務づけ、「明らかに違法な」投稿を二四時間以内に削除しないサイトには、最大五〇〇〇万ユーロの罰金を科している（https://www.bbc.com/japanese/42532490）。

4　今後の課題

以上のとおり、現行の法制度のもとでも、特定個人の権利を侵害するヘイトスピーチについては、発信者に対して民事上、刑事上の責任を追及することが理論上は可能であり、プロバイダ責任制限法に基づく削除要請等の対象にもなる。

また、仮に特定個人の権利侵害情報に該当しなくとも、各事業者の約款等に基づく削除対応が可能であり、業界団体や法務省人権擁護局が、被害者らの通報を受理し、必要に応じて削除要請を行うことについても、法制度上の障害はないはずである。

しかし、現状において、インターネット上のヘイトスピーチに対する予防ないし救済措置が有効に機能しているとは言いがたい。このような現状を打破して、インターネット上のヘイトスピーチ被害を撲滅していくために、例えば以下のような措置がとられるべきである。

まず、現行の法制度のもとで可能な措置として、プラットフォーム事業者やプロバイダ等の民間事業者における取り組みを拡大、促進させることが挙げられる。

確かに、現行の法制度のもとでは、不特定多数に向けられたヘイトスピーチは、特定個人の権利を侵害しないと解されており、プロバイダ責任制限法にもとづく削除要請の対象にはなっていない。

しかし、プラットフォーム事業者やプロバイダ等の民間事業者は、ほとんどの場合、ヘイトスピーチに該当する情報を削除することが可能な約款を採用しているから、事業者は、約款に基づき削除をすることが可能である。

特に、ＳＮＳ等のプラットフォームを運営して巨大な利益を上げている事業者は、自身が運営するサイトにおける人権侵害を予防または排除すべき社会的責任を負っているというべきであり、適切な削除要請窓口を設け、被害者等からの申告があった場合は迅速な削除を可能とする体制を構築すべきである。前記のとおり、ヨーロッパにおいては「通報を受けてから二四時間以内」の削除対応が義務化されているのであり、日本でも同水準での対応が望まれる。

次に、インターネット・ホットラインセンターやセーファーインターネット協会等の業界団体においては、ヘイトスピーチが少なくとも「有害情報」に該当することを前提に、法務省、警察その他の関係機関と協力して、インターネット利用者からの情報提供を受け付け、必要に応じて警察に通報したり、プロバイダ等への削除要請を行うなどの対策を講じるべきである。

そして最終的には、ヘイトスピーチを明確に違法化する立法が必要である。

ヘイトスピーチ解消法は、ヘイトスピーチ解消にかかる努力義務を課すのみであり、ヘイトスピーチを明示的に違法化する法律ではない。ヨーロッパにおけるインターネット上のヘイトスピーチ対策が日本と比べて大幅に充実していることの背景に、そもそもヘイトスピーチが違法であり、場合によっては刑法上の犯罪となるという法制度の違いが存在することは否定できない。

ヘイトスピーチが明確に違法化される立法がなされれば、ヘイトスピーチ対策は、正面から「違法情報」に対する対策に格上げされることになるのであり、上述した民間事業者や関係団体等における取り組みを拡大、促進させるための起爆剤となるだろう。

II

ヘイトスピーチの背景

第6章　歴史から見たヘイトスピーチ
——植民地主義の影響

殷　勇基

この章では、ヘイトスピーチが決して偶発的なものではなく、その国ごとの歴史の影響を強く受けた構造的なもの（社会の仕組みに入れ込まれているもの）であること、特に植民地主義の影響が大きいことについて検討する。日本におけるヘイトスピーチが主としてそのターゲットを在日コリアンとしているのはなぜなのか。他の外国人ではなく、なぜ在日コリアンなのか。日本による朝鮮の植民地支配の影響、その残滓が在日コリアンへのヘイトスピーチを構造的に（社会の仕組みとして）再生産し続けている。したがってまた、日本のヘイトスピーチは近時の現象ではなく、植民地時代からずっと引き続く、一〇〇年来の歴史に起因する現象であることを確認する。

1　ヘイトスピーチは「憎悪表現」ではなく、「差別煽動的表現」

ヘイトスピーチ（hate speech）は直訳すると「憎悪表現」であるが、「差別煽動的表現」「人種主義的表現」が本来、適切な訳語だと言われている。ヘイトスピーチは単なる「悪口」ではない。ヘイトスピーチは人種主義に基づく表現のことであり、人種差別の一種である（人種差別撤廃条約四条参照）。ヘイトスピーチを含む人種差別は「社会的」なもの、「構造的」なものである。ピラミッド図でいうと下部から上部への流れである。人種差別は人種主義思想に立脚している。そして、諸国の人種主義は（そうでないものもあるものの）、その多くは植民地主義、奴隷制に立脚するもの、ないし、その残滓と考えられている。人種差別、人種主義思想は、社会構造によって再生産されている。なお、人種差別撤廃条約前文も、植民地主義について特に言及している。

図１　人種差別を示すピラミッド図（筆者作成）

人種差別、ヘイトスピーチの放置はジェノサイドや「民族浄化」を招来することもある。人種、民族の違いを理由にする、これら殺人、強かん等もまた偶発的なものではなく、社会構造によって「生産」されるものである。ルワンダでのフツ人、ツチ人間の大虐殺、そして関東大震災での朝鮮人虐殺はそのような構造的なものだった。

ピラミッド図でいうと、影響は下部から上部に向かうだけではない。上部から下部にも向かうこともある。ヘイトスピーチでいうなら、植民地主義などの過去の歴史、人種主義思想がヘイトスピーチを構造的に生み出すとともに（下から上へ）、ヘイトスピーチの放置もまた人種主義思想を強化するなどの影響を与える（上から下へ）。人種差別撤廃条約（四条）が特にヘイトスピーチ（人種主義思想・理論に基づく宣伝、人種的憎悪・人種差別を正当化する宣伝、人種差別の煽動）等について、これを非難し、その根絶をいうのは、ヘイトスピーチ等の影響のそのような重大さを認識しているからである。

四条では、「人種の優越性の思想・理論に基づくあらゆる宣伝及び団体」「人種的憎悪及び人種差別（形態のいかんを問わない）を正当化・助長することを企てるあらゆる宣伝及び団体」「このような差別のあらゆる扇動又は行為」が問題とされている。それらを根絶するための迅速・効果的な措置をとることが約束されている。

2　人種主義とユネスコ

第二次大戦前の人種主義はナチスドイツだけのものではない。イギリス、フランス、アメリカなど、そして日本も含めて人種主義は世界的に蔓延した。しかも、その人種主義は「科学」による裏付けを得ていた。もっとも、自らと異なる文化的・宗教的背景、身体的特徴を持つ者に対し敵愾心や恐怖心を抱いたり（ゼノフォビア）、自己中心的な尺度から見下げたり（エスノセントリズム）することは、時代や地域を超える普遍的な現象といえる。しかし、これに対して、人種主義（レイシズム）は、欧米列強の海外侵出とともに一六世紀から一九世紀にかけて生成された近代的現象であるとされる。一九世紀後半に登場した進化論や人類遺伝学から「科学的」な根拠を得て発展し、二〇世紀に世界各地に広まった。

第二次大戦後、人種差別をeliminate（撤廃）するために、「人種」概念や、「人種差別」、さらにそれを支える人種主義思想・理論を科学的に解体・撲滅することが重視された。人種差別撤廃条約（採択一九六五年）の前文も「人種的相違に基づく優越性のいかなる理論も科学的に誤りであり、道徳的に非難されるべきであり及び社会的に不正かつ危険であること並びに理論上又は実際上、いかなる場所においても、人種差別を正当化することはできないことを確信し」とし、同条約七条は「特に教授、教育、文化及び情報の分野において、迅速かつ効果的な措置をとる」ことを規定する。

ユネスコ（国連教育科学文化機関）は、人種差別撤廃（elimination）条約に科学的根拠を与えてきた。ユネスコは、一九五〇年の「人種に関する声明」、一九五一年の「人種の本質と人種の違いに関する声明」、一九六四年「人種の生物学的側面に関する声明」、一九六七年「人種および人種的偏見に関する声明」第四版、一九七八年「人種および人種的偏見に関する宣言」などで、人種主義理論と人種的偏見の起源を解明し、それらには根拠がないことをくりかえし表明してきた。

一九七八年宣言は、「すべての人間は（ホモサピエンスという）単一の種に属し、共通の先祖の子孫である。すべての人間は尊厳と権利において平等に生まれ、誰もが欠くことのできない一員として人類を形成している」と宣言した。もちろん、「人類が生物学的に同一の種であること」と、「個人や集団が社会的には異なる存在であり、それぞれが尊厳を認められる異なる存在であること」とは両立する、とされている。「宣言」によれば、「様々な民族が達成した功績の間の差異は、いかなる情況においても、国や民族の等級別分類の口実に使われるべきではなく、そのような差異は、地理的、歴史的、政治的、経済的、社会的および文化的要素に起因するだけである」とされた。

以上のとおり、現在では、そもそも「すべての人間はホモサピエンスという単一の種に属している」とされている。そのうえで、（ホモサピエンスという単一の種とは異なる）「人種」という概念はいまだ認めつつ、人種的相違に基づく優越性を否定する立場がある。他方で、そもそも「人種」という概念自体を否定する立場もあらわれている。「人種」とは、科学的、生物学的には「虚構」（フィクション）であって、実体がない、という立場である。分子生物学の知見によれば、あるヒト集団に特有な遺伝的多型（ＤＮＡの配列の差異）はほとんど存在せず、二つの地理的ヒト集団間よりも、一つの地理的集団内における遺伝的マーカー（特有のＤＮＡの配列）の多様性の方がはるかに大きい、という。とはいえ、この立場に立って、科学的、生物学的に「人種」の存在が否定されても、人種、そして人種差別が、言うまでもなく、現在でも強固な社会的現実であることは否定されない。科学的には虚構であっても、社会の現実としては人種や人種差別は虚構ではない。

3　戦前と戦後の在日韓国・朝鮮人の法的地位等の歴史

戦前と戦後の在日韓国・朝鮮人の法的地位等の歴史について概観する。残念ながら、日本政府が差別を解消するのではなく、却って推進する役割をおうおうにして果たしてきたことを確認することができる。このような政府の役割は、日本社会における人種差別、そしてヘイトスピーチを「下支え」している。

（1）戦前

朝鮮人には、日本国籍があったが、戸籍を理由として法的差別が合法化されていた。

朝鮮人（一九一〇年条約）、台湾人（一八九五年条約。ただし、国籍の選択権が形式的には認められた）は植民地化により日本国籍を取得したとされた。これが一回目の「強制」だった。それが、後記するとおり、一九五二年には日本国籍が一方的に剝奪された。これが二回目の「強制」だった。

植民地化により日本国籍を持った朝鮮人、台湾人は法的には「日本臣民」として平等のタテマエが取られた。内地人（日本人）とも平等という意味である。他方、実際には、朝鮮人、台湾人はその出自を理由として朝鮮戸籍、台湾戸籍に属するとされた。朝鮮戸籍や、台湾戸籍と、内地戸籍とのあいだでは属する戸籍の変更は原則としてできなかった。戸籍によって、法的地位に差があり、人種差別（民族差別）が合法化された。例えば、同じ日本臣民として、植民地と内地との相互の渡航はタテマエとしては自由とされていた。しかし、実際には内地人が自由渡航をそのまま享受していたのに対して植民地人の渡航は制約・監視の下に置かれた。このように植民地人は日本国籍を有していたが、実際には平等ではなかった。

なお、欧米諸国でも、植民地住民に対しては同様だったようだ。また、この時代、女性も法的な差別を受けていたから、日本国籍を持っていても差別されるという点については植民地住民と似ていた。

（2）戸籍条項から国籍条項へ――戸籍から国籍へ

戦後、差別の合法化根拠は戸籍から国籍へ切り替えられた。戦後の民主憲法の下で戦前のような（日本国籍を有しているのに）戸籍を根拠として法的差別を合法化することは到底できなかった（憲法一四条一項）。逆にいうなら、朝鮮人に対する法的差別を存続させるには、戸籍以外の根拠をみつけてくる必要があった。結局、戸籍から（日本）国籍へと差別の合法化根拠は切り替えられた。もっとも、日本政府は朝鮮植民地支配は合法であり、従って、朝鮮人の日本国籍も合法だとしてきた。そこで、戸籍から（日本）国籍へと差別の合法化根拠は切り替えるには、日本国籍の遡及的無効（遡って無効とすること）という手法によることはできず、どこかの時点で日本国籍を剥奪する必要があった。

ただし、一九四五年～五二年は過渡期だった。日本政府は、朝鮮人、台湾人の日本国籍は、日本の敗戦の後も、一九五二年四月二八日（日本の主権回復の日）まで継続したという見解に立ったからである。一九五二年までには朝鮮人、台湾人に対する差別は戸籍条項（権利享有に日本「内地」の戸籍に属していることを要求する条項）を置くなど、引き続き戸籍に着目することで合法化された。それが、日本政府は五二年四月二八日に朝鮮人、台湾人の日本国籍を剥奪し（ただし、日本政府は「剝奪」ではなく、「日本国籍の喪失」という言い方をしている）、それ以降は、国籍条項（権利享有に日本国籍を要求する条項）を置くことで朝鮮人、台湾人に対する差別を合法化した。

（3）国籍剝奪・国籍条項・血統主義がワンセットだったこと

日本国籍の剝奪と、国籍条項（権利享有に日本国籍を要求する条項）はワンセットだったので、結局、日本国籍の剝奪は市民権の剝奪を意味した。「日本国籍がないから参政権がなくても仕方がない」「日本国籍がないから公務員になる権利が制限されてもやむをえない」とされたし、現在もされている。さらに、例えば一九五二年四月三〇日公布の、戦傷病者戦没者遺族等援護法では朝鮮人、台湾人の元・日本軍人などを援護対象から排除した。戦争末期には、朝鮮人、台湾人をも日本軍に動員したが、戦傷病者、戦没者（遺族）としての援護対象から排除したものである。なお、同法は「戸籍法の適用を受けない者については、当分の間、この法律を適用しない」としている（附則二項）。つまり、国籍条項ではなく、戸籍条項が置かれた。これは、同法が同年四月一日に遡及して適用されるとした関係である（附則一項）。四月二八日をまたぐので、念入りに戸籍条項とされた。

日本国籍の剝奪、国籍条項に加えて、現行・国籍法は血統主義（出生時に親の国籍を継承する方式。日本に生まれた子でも、父母が外国籍であると、子に日本国籍を認めない）のうちでも、厳格なそれを採用している。国籍法も出自を問うている。そのうえで、帰化（⇓帰順）したもののみ日本国籍を認めるという運用がされてきた。

在日韓国朝鮮人に対する戦後日本の法制は、結局、三つ（日本国籍剝奪、国籍条項、厳格な血統主義）がワンセットとなって、日本国籍（＝出自）を根拠に、日本の市民社会、公共社会から在日韓国朝鮮人を排除することを合法化するものだった。日本の裁判所もこれを追認した。

4　白洲次郎、吉田茂

一九四九年七月一一日、吉田茂首相の側近、白洲次郎は予約なしに連合軍のＤＳ（外交局）を訪問した。コヴィル総務課長が対応した。白洲は、在日朝鮮人問題に対して徹底的な措置が必要であるという吉田首相の意思を伝えに来たと告げた。措置とは、在日朝鮮人の大部分を日本政府の費用で朝鮮に強制的に送還するというものだった。具体的には、生産的な生活活動や日本の復興に寄与しないすべての在日朝鮮人を強制送還し、合法的で健全な産業に従事し日本での在留が望ましい者にだけ日本国籍を付与するというものだった。

右記の白洲の訪問のあと、一九四九年八月から九月初めころとみられるが、吉田茂首相はマッカーサー司令官あてに書簡を出した。この書簡で吉田は、戦後日本が抱える問題のひとつとして在日朝鮮人と台湾人問題があり、とりわけ在日朝鮮人は「総数が一〇〇万人に近く、その約半数は不法入国者である〔注：これは後記のとおり事実ではない〕」「日本はアメリカから食糧援助を受けていてその費用を将来、アメリカに返すつもりであるが、在日朝鮮人の食糧の分まで負担させられるのは公平でない」「私は、これらすべての朝鮮人がその母国の半島に帰還されることを望んでいる」と述べた。この「提案」は連合軍の採用するところとはならなかった。しかし、前記のとおり、一九五二年四月二八日以降、日本政府は在日コリアンを日本の公共社会から追放したが、これは、吉田の提案がかたちを変えて実現された、という側面もあるといえるだろう。

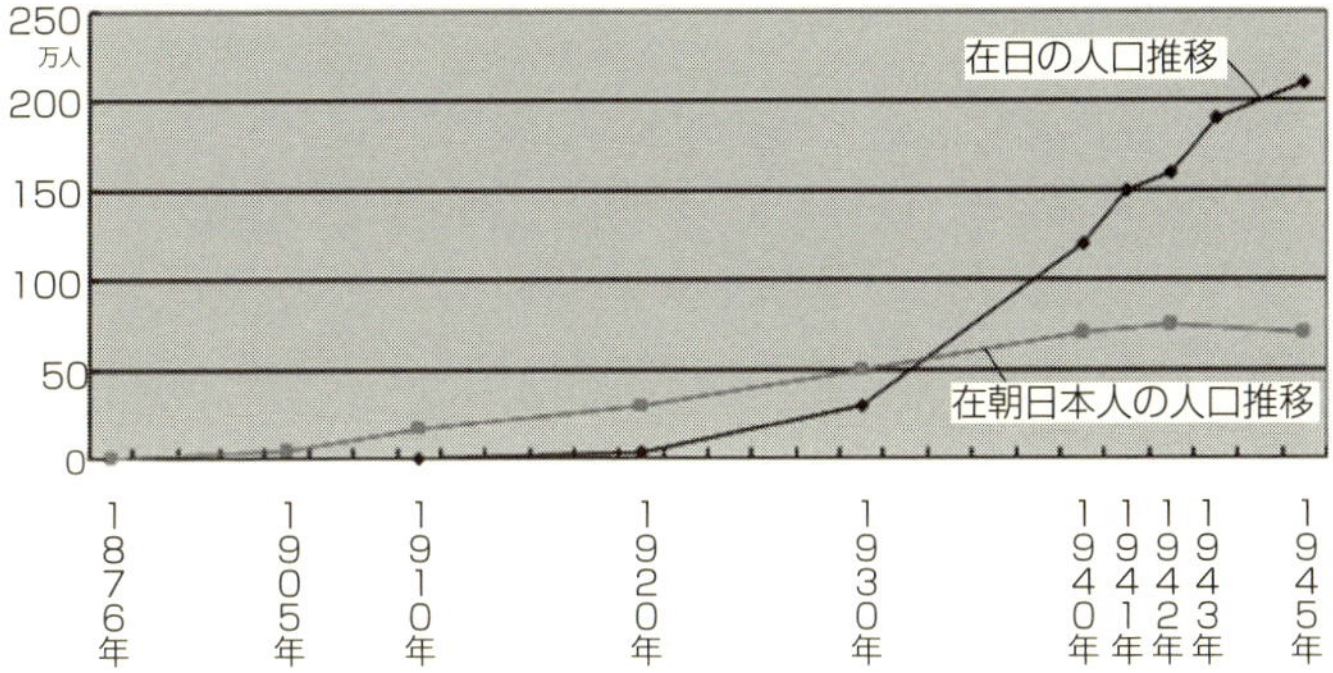

図２　在日（在内地）朝鮮人と、在朝鮮日本（内地）人の人口推移

5　歴史認識の問題

在日（在内地）朝鮮人と、在朝鮮日本（内地）人の人口推移は図２のとおりだ。

一九四〇年前後から在日（在内地）朝鮮人（当時は日本国籍）の人口が急増しているのは、強制動員の影響である。若い男性を中心に工場や炭鉱などの過酷な労働現場に強制動員された。これらの若い男性などは、一九四五年の日本の敗戦以降、多くが朝鮮に帰還した。対して、現在の在日コリアンやその父祖は一九二〇～四〇年ころにかけて日本に渡航してきた人が多いとされている。一九四〇年当時で、在内地朝鮮人の人口は一〇〇万人超である。前記のとおり、朝鮮は日本領なので、朝鮮人の日本内地への渡航は国内移動の扱いだった。国内移動なので朝鮮人も日本内地に自由に移動できるというのが、日本政府がずっと維持したタテマエだった（もっとも、実際には日本側の事情で、渡航人数の増減を一方的に調整した）。一九二〇～四〇年ころに渡航した人は家族ぐるみで渡航したり、日本内地ですでに家庭を構えている人も多く、結局、戦後、六〇万人程度が、日本に残った。

白洲や吉田の「提案」はこういう歴史的経緯を踏まえていない。それは、日本による朝鮮の植民地支配についての歴史認識の問題である。植民地支配を朝鮮（人）に強いたことについて悪いことと思わず、朝鮮人が日本に住んでいる経緯についてまったく考慮しないから、植民地支配が終了すれば即座に「帰ってもらう。もし日本にいたいのなら遠慮して暮らせ」ということになるのだろう。たとえばイギリスや、フランスの植民地支配の終了とは違って、日本の植民地支配の終了は日本の敗戦と同時に（突然）やってきた。日本にとっては敗戦の方が、より大きな出来事で、植民地支配やその終了について十分な準備、省察ができなかったということが影響したといえるだろう。

日本の主権回復を定めたサンフランシスコ講和条約の締結会議（一九五一年）で、吉田は受諾演説をした。そこでは、「寛大な講和」に対する感謝が述べられたが、植民地支配、さらには日本のアジア侵略について触れられることはなかった。

6　在日外国人の大量出現

人口の話を続けると、戦前、たとえば一九四二年時点の日本（内地）の人口は表1のとおりだ。この当時、日本内地には外国人は約三万人しかいなかった。朝鮮人は当時、前記のとおり二〇〇万人ほどの人がいたが、朝鮮人は日本国籍だったので、ここでの外国人には含まれていない。それが、一九五二年に至り、突如、六〇万人ほどの外国人が出現した。図3は戦後の外国人人口の推移である

表1　日本（内地）の人口

年	内地人	外国人	うち中華民国	満州国
1942	72,880,000	27,293	17,437	1,798

（大日本帝国内務省統計報告〔第五二回〕より。国立国会図書館デジタルコレクション http://dl.ndl.go.jp/info:ndljp/pid/1450982。ただし、内地人人口は総務庁「日本長期統計総覧」を参照）

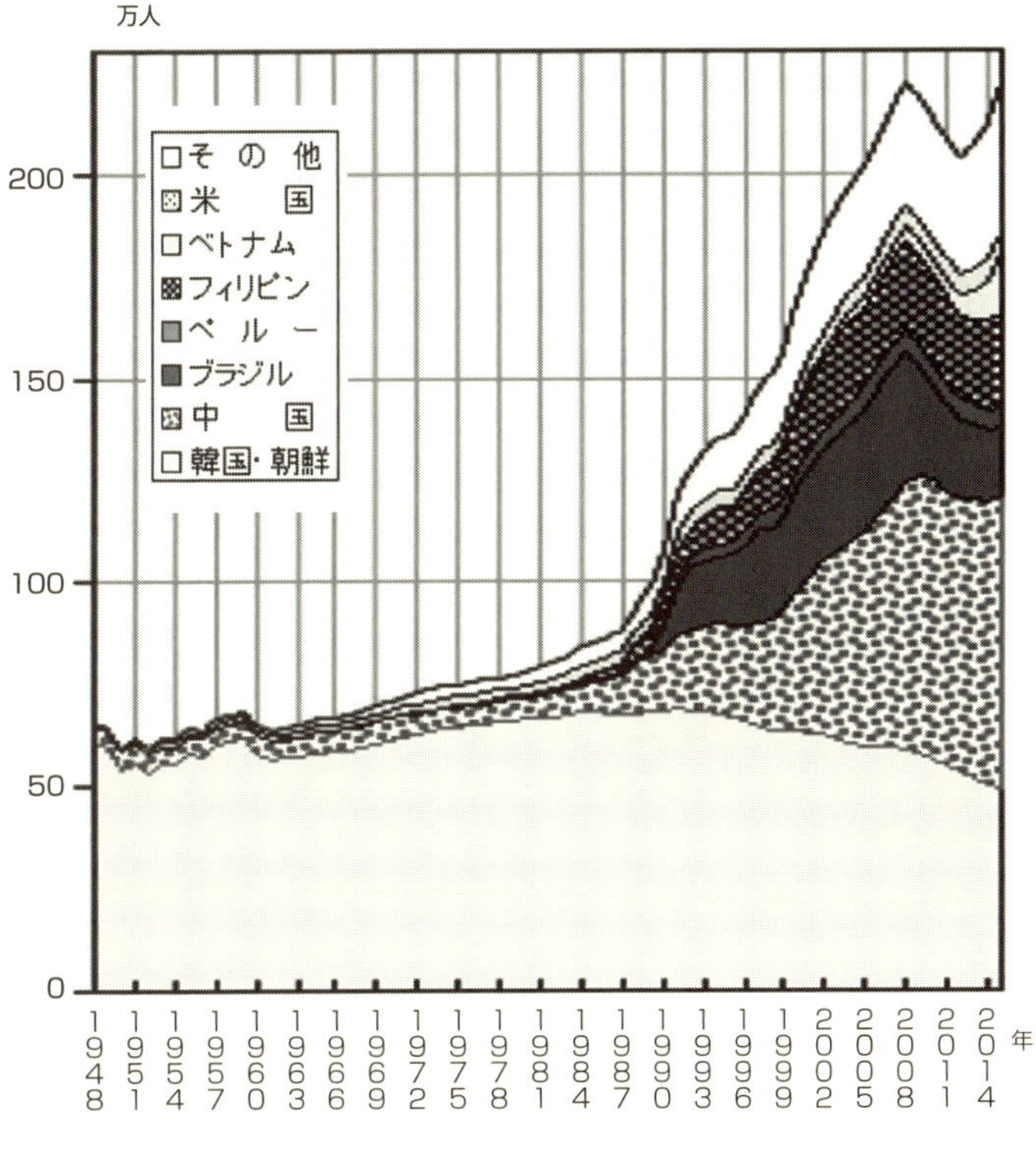

図3　在留外国人（登録外国人）数の推移（毎年末現在）
（社会実情データ図録〔http://www2.ttcn.ne.jp/honkawa/〕を基に作成）

（前記のとおり、一九四五年～五二年は過渡期だったので、図は一九四八年から始まっている）。在日外国人の大部分が在日コリアンという時代が長く続いた（同じ植民地出身者でも台湾人人口は少なかった）。

在日朝鮮人人口は、一九五二年当時の在日外国人人口の九割以上を占めた。日本政府や日本国会は戦後長く（そして現在に至るも）、日本国籍がないことを理由に在日外国人の権利を制約する政策を続けてきたが、在日外国人政策とはいっても実際にはそれは在日コリアン政策を意味していた。在日コリアンを治安の攪乱要因と考えた日本政府による在日外国人（在日コリアン）政策は、治安政策の色彩が濃厚で、在日外国人の権利を保障しなければならないという発想に乏しかった。

そして、在日外国人（在日コリアン）の権利を制約する、日本政府や日本国会の政策は、残念ながら、日本社会・世論の支持を背景とするものだった。「人権」は「人」の権利であり、それは、国籍や、在留資格に関係ない、という発想・理解が日本社会には乏しかった。

7　一九六五年当時のマスコミの認識

のみならず、植民地支配やその責任（植民地責任）についての認識も長く日本社会には乏しかった。

子孫の代まで永住を保障され（中略）るとなると、将来この狭い国土の中に、異様な、そして解決困難な少数民族問題をかかえ込むことになりはしまいか。出入国管理上の、一般外国人の取扱いに比してあまりにも〝特権的〟な法的地位を享受することが、果して在日韓国人のためになると、一概に決めこむことが出来るかどうか、民族感情というものの微妙さ、複雑さはいまさら言うまでもなく、その意味で将来に禍根を残さないよう、法律上のスジを通しておくことがとくに肝要だといいたい（朝日新聞一九六五年三月三一日「『法的地位』には筋を通せ」）。

この朝日新聞の社説は（日本の主要な言論機関もかつてはこんなに差別的だった、とする例として）現在でも比較的よく知られている。在日コリアンの永住権を「特権」とするものである点で、例えば現在のいわゆるネット右翼による言説と共通する。植民地支配という歴史的経緯を無視している点で、白洲、吉田とも共通している。

それが、なぜ現在では（ネット右翼などを除き）在日コリアンの永住権が「特権」とはされなくなったのか。それには歴史認識の問題が影響している。日本社会・世論において、日本が過去にした、侵略や、植民地支配に対する自省が広がり、かつ深まっていったからこそ「特権」とはされなくなった。一九九一年に、在日コリアンなどの特別永住権を日本政府が認めるころには、このような自省が確立し、特別永住を批判する日本の主要メディアはなかった。二〇年ほどの歳月を経て、日本社会は過去の克服・清算に向けて（一定程度）前進した。現在のヘイトスピーチはこのような前進に対する逆行であるといえる。

8　一九八五年、大阪府警、富田・外事課長

一九八五年五月一〇日、大阪府警の富田・外事課長（上級の警察官）は、指紋押捺を拒否する外国人についてテレビニュースのインタビューで次のとおり述べた。

「日本の法体系に対して外国人になめられているといいますかね」「やはり日本に居住したいと思えば、法律が現存する以上、それを守ってもらわなければならない。そういう法体制が嫌であればこれは自分の国へ帰ればいいわけですね。また、日本で生まれ、日本人と同じように育ったとおっしゃいますが、こういう方は日本に帰化すればいいんですね」

この発言も、「自分の国へ帰ればいい」、日本から「排除」してもよい、というものであるから、現在のヘイトスピーチと根本のところで共通している。「日本は日本人の土地であり、在日コリアンなど在日外国人は日本に住む権利がない」とするものだ。さらに言えば、ここの「日本人」は「日本国籍を持つ人」の意味ではない、というところに容易につながるだろう。日本国籍を持っていても、「帰化人」や、複数国籍者は「（真の）日本人」ではないということにつながるのではないか、ということだ。

日本のこの指紋押捺制度は在日外国人に指紋押捺を刑罰で威嚇しつつ強制するものだが、この制度が導入された当時（一九五二年）、在日外国人とはいっても先にみたとおりその大多数は在日コリアンだった。在日コリアンの存在を治安問題と考えて導入されたもので、かつ、在日コリアンの日本国籍

を剝奪した上で、日本国籍がないことを理由に指紋押捺を強制したという歴史的経緯があった。富田の発言はこのような歴史的経緯を踏まえていない。その点で、白洲、吉田や一九六五年当時の新聞と共通している。

9　まとめ

日本の対外戦争（一八九四年〜の日清戦争、一九〇四年〜の日露戦争など）が朝鮮人や中国人への差別意識を高めていった。とくに朝鮮との関係では日清戦争も日露戦争も朝鮮を戦場にした。その過程で繰り返された朝鮮人に対する迫害と殺りくの経験を通じて、朝鮮人への差別意識が強まり、差別的言説が横行した。ヘイトスピーチの問題を考えるには、植民地支配などの歴史的経緯、歴史認識の問題が関係してくる。さらに、「日本は日本人（だけ）のもので、そうでない人は住む権利がない」ということなのか、「そこでいう日本人はだれを指しているのか」ということなども考えないわけにはいかなくなる。

このような問題は日本だけのことではなく、世界中でみんなが同じ課題に取り組んでいる。人種差別撤廃条約はそのあらわれだ。そういう構造的な問題であることを自覚する必要があるだろう。

第7章　日本における人種差別
――ヘイトスピーチと日本社会

辛　鐘建

本書を手に取る方々の中には、近頃最低でも年に一度はヘイトスピーチに反対する集会や勉強会に参加されている方もいっらしゃるのではないだろうか。このような集会や勉強会に参加したことがないにしても、ヘイトスピーチという言葉が本書に目がいき手に取るほどに身近なものであり、「最近」注目されているものであるからこそ、興味を持たれているのではないだろうか。

確かに、近年街頭やネットで繰り広げられるヘイトスピーチは目にあまるものとして、私たちに問題を提起し、実際に積極的にヘイトスピーチを防ごうとしたり、ヘイトスピーチに抗おうと努力されたりしている日本人は多い。他方で、ヘイトスピーチの対象とされている当事者である在日朝鮮人の立場からすると、ヘイトスピーチの問題は「最近」のものではあり得ない。ほぼ全員が「いつの時代になっても」と思っているのではないだろうか。

本章では、主に植民地解放後から現在に至るまでの日本における朝鮮人に向けられてきた言動を収集し、それらを並べ植民地問題との関連性や態様の違いを概観することで、ヘイトスピーチ、ひいてはヘイトクライムが日本社会で連綿と続いてきたものであることを示し、その根源と歴史性について考えたい。さらに、時代背景なども加味しながら分析してみることで、日本におけるヘイトスピーチの歴史性を共有できたらと思う。つけくわえれば、私自身が朝鮮学校に通い、現在弁護士となった立場として、在日朝鮮人弁護士としての視点も加味されていると言えるだろう。

なお、本稿では、筆者の力不足から十分な事例や詳細な引用を示すことができなかったが、筆者のヘイトスピーチに対する認識は梁英聖著『日本型ヘイトスピーチとは何か』（影書房、二〇一六年）での分析と大半において重なるものであり、本稿の構想段階から多くの示唆を得ていることを記しておきたい。また、執筆に取り組むまでに、LAZAK編『ヘイトスピーチはどこまで規制できるか』（影書房、二〇一六年）、師岡康子著『ヘイト・スピーチとは何か』（岩波新書、二〇一三年）、前田朗著『ヘイト・スピーチ法研究原論――ヘイト・スピーチを受けない権利』（三一書房、二〇一九年）に依拠していることも付言しておく。

1　日本におけるヘイトスピーチ・ヘイトクライムと「北朝鮮」「韓国」とのつながり

時代背景と、ヘイトスピーチ・ヘイトクライムの関連性を概観してみよう。以下に示す年表は、前述の『ヘイト・スピーチ法研究原論』『ヘイトスピーチはどこまで規制できるか』などで取り上げられているものを筆者が集約したものである。

	①植民地期
一九一〇年	韓国併合→「鮮人」という単語の使用
一九一九年	三一独立運動→「不逞」鮮人という言葉の発現
一九二三年	九月一日　関東大震災→朝鮮人の惨殺、「一円五十銭」を言えない人の惨殺
	②解放直後から日韓条約まで（前半と後半）
一九四六年	八月国会にて、「三国人」発言
一九四九年	朝鮮学校閉鎖令
一九五二年	サンフランシスコ講和条約
	読売新聞による反朝鮮人学校キャンペーンの展開
一九五五年	都立朝鮮学校の閉校
一九六五年	日韓条約締結
	③日韓条約から大韓航空機爆破事件直前まで（前半と後半）
一九八五年	五月　指紋押捺拒否をした青丘社李相鎬さん逮捕。大阪府警外事課課長「嫌なら帰れ」
	④大韓航空機爆破事件から日朝平壌宣言まで
一九八七年	大韓航空機事件→以後朝鮮学校生徒に対する暴行脅迫事件続発 一二月一一日　東京都日野市でチマチョゴリを着た東京中高級学校女子生徒が、中年男性に紐のようなもので首を絞められ全治二週間の怪我。警視庁は立件すらせ

	ず犯人を検挙できなかった。
一九八八年	この二月までに五〇件を超える暴行事件。共通点としては、「朝鮮に帰れ」などの暴言が多く、対象が女子生徒や児童が目立つようになった（なお過去に少なかったという趣旨ではない）。犯人像として二〇代から四〇代の男性。犯人が一人も逮捕されていない。 四月三〇日　大阪市営地下鉄真の小阪駅の改札口からコンコースに繋がる階段で、大阪朝高一年生の女子生徒が階段から突き落とされ負傷。「おい、チョーセン、ちょっと待て」と言いながら追いかけてきて、「チョンコチョンコ」と繰り返した。
一九八九年	パチンコ疑惑→チマチョゴリを着た生徒に対する襲撃事件多発 公安調査庁長官が国会で「朝鮮総連は危険な団体」と発言。これに続いて各地で朝鮮総連、関連団体、朝鮮学校に対する差別と迫害が悪化
一九九〇年	五月　居住地変更をしなかったという外国人登録法違反容疑で、本人の自宅だけでなく勤務先である同胞生活相談所、東京朝鮮中高級学校など八カ所に強制捜査
一九九四年	春「北朝鮮核疑惑」→朝鮮学校に対する脅迫電話、生徒への暴力暴言事件続発
一九九八年	八月三一日　北朝鮮が人工衛星を打ち上げたと発表、いわゆる「テポドン騒動」→朝鮮学校に対する差別と暴力増加 「在日朝鮮人は人質だ」などと朝鮮人攻撃を予告煽動する政治家の発言→チマチョゴリ襲撃事件　チマチョゴリを着た女子生徒に対する襲撃事件多発 一〇月　朝鮮総連千葉朝鮮会館放火事件、職員死亡
二〇〇〇年	当時東京都知事だった石原慎太郎氏による、三国人発言

	⑤日朝平壌宣言から現在まで
二〇〇二年	九月　日朝平壌宣言。「拉致事件」を北朝鮮が認める ↓ 朝鮮学校児童に対する嫌がらせ、脅迫
二〇〇六年	八月　神奈川県所在の朝鮮総連藤沢湘南西湘支部放火事件、オイル缶は四リットル用（高さ二四センチ）。ガソリンのような液体と携帯用ガスボンベ二本が入っており、ティッシュペーパーで火を付けた跡があった。缶には「御中元」と文字があり、白いタオルに黒のマジックで「テポドンハッシャキネン　オチュウゲン　オトドケシマス」
二〇〇七年	在特会の発足 一一月　在特会が朝鮮大学校前でデモ
二〇〇九年	一二月四日　在特会が京都朝鮮第一初級学校襲撃事件 徳島県教組事件。徳島県教祖が四国朝鮮学園に寄付したことを取り上げ、在特会のメンバーらが、事務所に押しかけ職員に罵詈雑言を浴びせた。
二〇一〇年	水平社博物館差別事件 ロート製薬事件。韓国人女優をＣＭに起用した同社に対して在特会のメンバーらが会社前までデモ 高校無償化から朝鮮学校を排除
二〇一二年	秋頃、新大久保デモ激化。「朝鮮人をたたき殺せ」「いい韓国人も悪い韓国人も死ね」「首を吊れ」などの文言を記載したプラカード
二〇一三年	三月　在特会などの集団が鶴橋コリアンタウンにて街宣とデモを実行し、参加者の

二〇一七年	中学生が鶴橋大虐殺発言（＊この子の父親が二〇一八年に総連銃撃）各地で高校無償化除外に対して判決。大阪地裁を除き各地で国の言い分を鵜呑みにした判決
二〇一八年	二月　朝鮮総連本部銃撃事件。千代田区朝鮮総連本部の門扉に拳銃で弾丸五発を発砲

2　日本のヘイトスピーチ・ヘイトクライムの特徴

（1）朝鮮半島を対象にしたものがほぼ全てを占めること

年表で示した事実経過を見ると、日本におけるヘイトスピーチ・ヘイトクライムと、「北朝鮮」「韓国」が密接に関連していることが明らかであることは言うまでもない。

一九一〇年には、「鮮人」という不必要に「朝鮮」の「朝」の部分をあえて削って短く表現し、「鮮」と「賤」をかけた音にすることで、「バカにしてもよい下等民族」との印象を植え付ける言葉が使用された。また、一九一九年の三一独立運動を取り上げた新聞記事では、「不逞」鮮人という単語が使われ、野蛮で悪い輩であるとの印象を作りあげている。そしてこれら二つの言葉は現在もネットやデモで大々的に使用されている。

一九二三年の関東大震災では、国家が朝鮮人が暴動を起こしている事実はないことを認識しながら、朝鮮人が襲来するとの流言蜚語を防止せず、それに乗ずるように戒厳令を公布した。デマに扇動された一部市民によって、朝鮮人であることだけを理由に惨殺された。それだけにとどまらず、地方出身者や恐怖のあまりうまく発音できなかった日本人でさえも処刑されてしまったとの事例もある。このように、朝鮮人であるということもしくは朝鮮人であると疑われる事情があれば、一方的に「朝鮮」というレッテルを貼られ、暴言や暴力の対象とされた。

解放後の一九四五年以降も、朝鮮学校閉鎖令によって国策として日本の中の敵として扱われ、サンフランシスコ講和条約にあわせて植民地出身者を当然のように外国人として扱い、国籍の選択や被害救済を行わなかった。

このような、「朝鮮」「韓国」であることを理由にその集団に属することや関連のある存在に対して劣るような表現で見下したり、一方で野蛮で怖いものとして扱い暴言・暴力の対象としていたことは、現在も全くもって相違がない。また、解放後在日朝鮮人運動の中で徐々に獲得してきた朝鮮学校への補助金や定期券の学割問題、インターハイ出場問題、大学入学資格問題がある一方で、高校無償化制度から行政的な適法性を無視して除外し、裁判所が政府側の卑劣な理由づけまでをも追認してしまう様は、植民地期からのヘイトスピーチ・ヘイトクライムと同源であるからこそ起こり得たものであると考える。私はこれらが同じ流れの上にあることが一目瞭然であると考えている。

このように、日本においてヘイトスピーチ・ヘイトクライムとして取り上げられる事象のほぼ全ては「朝鮮」「韓国」と結びつくものであり、その最たる理由は、日本が朝鮮半島を植民地にした宗主国であるという点に繋がるのである。この支配国と被支配国という関係性が清算されていないために、現在においても連綿と同様の問題が生じているのである。

（２）時代によって主体と攻撃対象が大きく変遷してきていること

時代区分について

在日朝鮮人に対するヘイトスピーチ・ヘイトクライムに関しては、様々な書籍で時代区分を設けて分析がなされている。前田朗教授は、戦前について①日韓併合に始まる一九一〇年代、②産米増殖計画による窮乏の一九二〇年代、③中国侵略とともに加速した一九三〇年代、④戦争と強制連行の一九四〇年代、戦後について、⑤の在日朝鮮人の形成、⑥日韓条約による南北分断の持ち込み（一九六五年以後）、⑦朝鮮敵視政策の公然化と民族団体・教育弾圧（一九九一年問題以後）と区分する。

本稿では、①植民地期、②解放直後から日韓条約まで（さらに前半と後半）、③日韓条約から大韓航空機事件直前まで（さらに前半と後半）、④大韓航空機爆破事件から日朝平壌宣言まで、⑤日朝平壌宣言から現在までと区分してみる。その理由として、①から現在に至るまでのヘイトスピーチ・ヘイトクライムの態様をみると、その行為類型と対象に大きな違いがあるからである。

①植民地期

①の時代は、日本が朝鮮を植民地として支配していたということが最も大きな要因として、その根底に朝鮮人に対する蔑視や優越感があり、国家と市民が主たる行為者として、朝鮮人やそのコミュニティーに対して、法制度や直接的な差別的政策を行っていた。国家としては植民地支配が最たるものであるが、一般市民においても、関東大震災を筆頭に周囲の朝鮮人に対して実力行使を伴うものと言

葉による差別が強烈になされていたといえる。植民地を基軸に支配と被支配の関係の上で差別がなされていたといえる。

②解放直後から日韓条約まで（さらに前半と後半）

このような視点からすると、①と②の前半頃までは、類似性や重複する部分が見受けられる。②の初期の頃には、朝鮮総連や民団といった基盤の強い民族団体ができたことや、朝鮮半島の冷戦構造すなわち二つの国家体制が固定化されたこと、これらを意識した在日朝鮮人対策を取る必要があったことから、朝鮮人学校の強制閉校に代表されるように、国家による積極的な排除の政策がとられた。

一方で、②の後期頃からは、日本国家と国民が高度経済成長にあやかり社会全般が潤ったことによって、国家と市民の経済レベルがベースから向上し社会保障が充実していく過程で、ある種の「余裕」「安定」が生まれ、在日朝鮮人に対して蔑視や優越感的なところからくる不満の矛先が向けられ続けられなくなってきたことが、特徴としてあげられるのではないかという分析も見かけた。

このような背景が影響し、語弊を恐れずにいうならば、国家の政策による従前からの構造的な差別は維持されつつも、市民による直接的な差別は体感的には減少してきたと見受けられ、日韓条約を筆頭に法制度上の差別が固定されていったといえる。これは、在日朝鮮・韓国人の定住期間が長くなってきたことで、ある意味で日本の一部分になりつつあり、そのような隣人的な立場にいる人たちを、社会的・経済的理由からあえて排除すべき「不安」や「不安定感」というものがなかったことが挙げられる。

当時の情勢として、国家が、日韓条約を筆頭に法制度として「朝鮮籍」と「韓国籍」を差別し分断の固定化に加担して在日朝鮮人に対する分断政策が取られたと評価できるが、他方で、市民による在日朝鮮人に対する直接的なヘイトスピーチやヘイトクライム事例が見られなかったことがこのことを表しているのではないかと見受けられる。

③日韓条約から大韓航空機事件直前まで（さらに前半と後半）

このようなある種の「余裕」や「安定」に大きな振動を与えたものとして、指紋押捺拒否運動や大韓航空機爆破事件があった。また、韓国の発展の象徴であるソウルオリンピックに対する反感的な感情が影響しているのではないかと考える。

まず、③の前半の時代は、②の後半の時代の雰囲気を残しつつ、国家として南北分断に加担し、南を優遇し、北を冷遇するというスタンスがとられながら、冷戦構造の上での外交政策がとられていた。他方で、在日朝鮮・韓国人社会においては、二世と三世が中心となって、権利獲得運動が積極的に展開されてきた時代ともいえる。

④大韓航空機爆破事件から日朝平壌宣言まで

しかし、④の前半の時代には、韓国が日本との日韓条約による経済支援を受けて徐々に経済的に成長をしてきており、オリンピックを開催することで明るくイケイケな雰囲気がある中で、日本では在日朝鮮・韓国人による権利獲得運動により勢いが増した。指紋押捺拒否運動やオリンピックの高揚感などを背景に、ある意味主張の強い疎ましい存在になりつつあったのではないだろうか。

在日朝鮮人のメイン階層が一世から二世・三世へと移行し、生きるので精一杯という時代から歴史性のある定住者に対する差別政策の反対・撤廃を訴える活動が積極的に展開され、その象徴のように指紋押捺拒否運動として社会に噴出した事象は、少なからず日本人に朝鮮・韓国に対する反感的な感情を抱かせたであろうことは容易に想像できる。

これに加え、一九九〇年に向かって日本の経済が好調を続けながらも貧富の格差が徐々に大きくなっていっている時代背景は、弱者に対して厳しく接する風潮を作り出していたのではないか。

このような時代の流れの中で、大韓航空機爆破事件をきっかけに、日本の中にあった朝鮮・韓国に対する負の感情が爆発したのではないかと考える。だからこそ、六〇年代、七〇年代、八〇年代前半までに目立つことのなかった暴力事件や脅迫事件であるが（決してなかったという趣旨ではない）、八七年の大韓航空機爆破事件を皮切りに、八八年の二月までに五〇件以上もの暴行事件が発生した。これが、八八年に起きた女子生徒が着ていたチマチョゴリが切られ首を絞められるというような凶悪事件の発生につながったと、見ることはできないだろうか。

また、これらの事件の特徴は、朝鮮・韓国という日本の中にある異質なものに対するものという点だけでなく、学校・女性・児童という社会的な弱者に対して矛先が向けられたという点が最大の特徴である。植民地期からこの時点までの出来事を概観しても、もちろん当然のようにこれまでにも女性や児童に対する差別言動はあったが、記録に残るレベルの短期間で立て続けに差別言動がなされるという事態は、当時の時代的背景を反映させたものであったと推測する。そして、大韓航空機爆破事件以降現在に至るまで、朝鮮半島、特に北側に関連する出来事が日本で悪意的に取り上げられる際には、必ずといってよいほど、朝鮮学校に対して苦情や脅迫電話がかけられ、ひいては女子生徒や児童に対して矛先が向けられるのである。

さらには、日本の好景気であったバブルが崩壊し経済を後退させたことも、大きい影響をもたらしていると言える。

このように、④の時代は、それ以前の時代とは一線を画す時代でもあり、現在につながる時代でもあったといえる。

⑤日朝平壌宣言から現在まで

このように経済的に後退し卑劣な差別言動が増加していたなかで日本全体に大きな衝撃を与えたのが拉致問題であった。朝鮮が公式に日本人の拉致を認め謝罪をしたことは、朝鮮・韓国に対して有していた負の感情を爆発させ、またそれを助長することで特に悪感情を持っていなかった人に対しても、「北」と表現することで大きなマイナスの印象を抱かせることになった。また、拉致問題の公式謝罪によって朝鮮学校に対する批判電話や脅迫電話、学生・児童に対する嫌がらせはずば抜けて増加し、筆者も防犯ベルを携帯し登下校していたことを記憶しているくらいである。

また、二〇〇〇年代に入るとインターネットが本格的に普及し、ネット上に立てられた掲示板では、「北」「朝鮮」「韓国」に対する罵詈雑言とデマが溢れるようになり、これを規制できず垂れ流しにせざるを得なかったことは現在のヘイトスピーチの手段を確立させたといえる。また、二〇一〇年代に入る前後では、「在日特権を許さない市民の会」をはじめとしてデマを信じ、あるいはあえてデマと知りながら暴力的に堂々とヘイトスピーチを行う団体・人物が現れ、在日一世たちが受けてきたヘイトスピーチを想起させるような、もはやそれを上回るレベルでのヘイトスピーチが展開され出した。

その一方で、二〇〇〇年代前半からは、「冬ソナ」などの韓流ドラマや韓流アイドルの登場によって「韓流ブーム」に火がつき、それは現在まで多少の波はありながらも太く長く続いてきた。しかし、その太く長い波にはヘイトスピーチも同様につきまとってきており、韓国の芸能人をCMに起用した企業や韓流アイドルを出演させたテレビ局前でヘイトデモを開催するなど、常軌を逸した事態も起きた。しかし、韓流ブームが韓国と日本をこれまでよりも市民感覚の中で身近にさせたものであることは間違いない。

このような⑤の時代は、①から④までの時代の流れを汲みながらも、拉致問題とインターネットが組み合わさることでヘイトスピーチを可視化させ、確立させたものといえる。また、これと並行するかのように韓流ブームという大きな波が存在したことも、プラスにもマイナスにも影響を与えたものと言えるだろう。そして、ヘイトスピーチ問題をどのようにするのかという議論を巻き起こしたという点で評価される時代でもあるが、国家がヘイトスピーチを放置し利用しているともいえる時代でもある。

他方で、徴用工判決以降の韓国と日本の間の経済対決は、植民地関係を清算しようとする文在演政権と植民地支配構造の上流階級の系譜にある安倍政権の対決ともいえ、問題の所在は明確化されてきたような感もある。

まとめ

このように、時代区分としてみると、その態様と対象が大きく変化してはいるが、ヘイトスピーチがなされる理由は変わらず、「朝鮮」だから、「韓国」だからというヘイトスピーチの根幹が横たわっているといえる。

3　解決すべきもの

以上のようにヘイトスピーチは植民地時代から連綿と脈々と続くものであると考えるが、解決すべきものとして以下の三点があると考える。

（1）シンプルに人種差別として認識すべき

まず、日本での朝鮮・韓国人に対するヘイトスピーチが人種差別であることを認識すべきである。朝鮮・韓国人という側面だけに着目し、それだけを理由に暴言を浴びせ暴力を振るうことは、相手方の国籍や民族のみを理由にするものであるから、明確に人種差別にあたるものと言える。このことについて、日本に住む全員が人種差別なんだということを認識し、国家としても人種差別にあたるという認識を持たせるために広めていくべきであると考える。

（2）植民地期から続くものであり、それを清算すべき

そして日本におけるヘイトスピーチの根幹にあるのは、日本と朝鮮半島の歴史問題であることをしっかりと位置付けるべきである。ヘイトスピーチに対しては近年注目され良識的市民によって心強いカウンター・デモが展開されているが、「在日コリアン」に向けられるヘイトスピーチは、本稿で見てきたように歴史的な時系列の上にあるものであり、目の前のヘイトスピーカーに対処しながらも日本と朝鮮半島の最大の問題である植民地に起因する問題をも解決する視点を持ち、実際に解決しなければ、ヘイトスピーチは無くならないと考えるべきである。その解決のあり方としては、経済的なものと教育的なものがあり、国として取り組むべきものである。

他方で、この視点から見ると、現在の韓国と日本の徴用工判決を契機とした経済的対決は、植民地問題を清算しない・できない日本政府の姿勢を如実に表したものであり、ヘイトスピーチが現在においても繰り広げられ解決できない事情と大きく重なることは言うまでもない。

（3）冷戦体制をなくし平和体制を構築すべき

また、日本と朝鮮半島の関係には植民地という大きな関係性がありながらも、朝鮮半島でいう解放後、日本でいう終戦後に、冷戦体制の中で朝鮮半島が分断され強大国まで関わる冷戦体制のど真ん中に置かれてきたことで、「北朝鮮」を敵国として対峙しなければならない状況にあることも、隣国に対する想像力を欠き、「北朝鮮」であれば何を言ってもよいという誤ったメッセージを発していると考える。朝鮮戦争を早期に終わらせ、冷戦体制に終止符を打ち、平和体制を構築することも、日本におけるヘイトスピーチをなくす一つのきっかけとなるのではないか。

4　まとめ

このように、日本における朝鮮・韓国に対するヘイトスピーチ及びヘイトクライムは、戦前の植民地期から連綿と続いてきたものであり、その産物として現在に至っているということを認識すべきである。他方で、その行為態様は、日本の経済力や社会情勢を色濃く反映したものとなっていると判断できる。また、ヘイトスピーチ・ヘイトクライムを国家が規制せず放置し、むしろこれを利用し差別政策を進めることは、ヘイトをさらに助長することとなっている。

ヘイトスピーチを無くすためには、今後も目の前のヘイトに対応するとともに、歴史的な大きな流れをふまえて、抜本的に解決していくべきであると考える。

第8章　朝鮮学校での民族教育

――アイデンティティ教育の観点から考える

金　星姫

現在、日本には、外国人の児童生徒を対象とする外国人学校が多数存在する。そのうち各種学校の許認可を得ている外国人学校は一一七校に上るようである（文部科学省ホームページ参照。二〇〇五年現在のデータ）。無認可の学校を含むとその数は一層膨らむだろう。

在特会（在日特権を許さない市民の会）メンバーらが京都朝鮮第一初級学校の校門前へ押しかけヘイトスピーチ街宣を行った事件は記憶に新しいが、同校は、在日コリアンを対象とする外国人学校である。在日コリアンを対象にした外国人学校には、京都朝鮮第一初級学校のような朝鮮学校や、韓国系の学校があり、全国各地に点在している。

また、公立学校に「民族学級」を設置し、公立学校に通う在日コリアン生徒を対象として課外で民族教育を実施しているところもある。

本稿では、日本で行われている民族教育に焦点を当て、特に在日コリアンの学校である朝鮮学校の歴史及び教育について概観したい。また、現在、朝鮮学校が置かれている状況についても触れたい。

１　民族教育の意義

（１）国際法で謳われている民族教育の意義

自由権規約二七条では「種族的、宗教的又は言語的少数民族が存在する国において、当該少数民族に属する者は、その集団の他の構成員とともに自己の文化を享有し、自己の宗教を信仰しかつ実践し又は自己の言語を使用する権利を否定されない。」と謳われており、また、子どもの権利条約二九条一項Ｃにおいても「締約国は、児童の教育が次のことを指向すべきことに同意する。（ｃ）児童の父母、児童の文化的同一性、言語及び価値観、児童の居住国及び出身国の国民的価値観並びに自己の文明と異なる文明に対する尊重を育成すること。」と謳われている。

このように、異国で生活している民族的マイノリティにとっては、自己の言語や文化を学ぶ民族教育は、アイデンティティ形成において非常に重要であり、民族教育を受ける権利は国際法上認められている権利なのである。

（２）ヘイトスピーチと民族教育

また、民族教育を受けた経験を持つと、日頃からのアイデンティティに対する意識や人間関係によって、ヘイトスピーチ被害に遭った際にも、その精神的ダメージを軽減しやすいといえる。日本初のヘイトウォッチＮＧＯである「反レイシズム情報センター」（ＡＲＩＣ）代表である梁英聖氏は、次のように述べる。

「私は今まで民族運動や反差別活動で数百を超える在日コリアンの青年たちに出会ってきました。在日青年のヘイトスピーチ被害への対応をみていると、民族教育を受けた経験がない青年ほど被害は深刻だと感じます。まず民族教育を受けるなど歴史や人権についての知識のある青年にはまだしも『言語』があるので、ヘイト被害をある程度対象化しそれに怒るということができる人は多い。また民族教育経験者の場合、ヘイトスピーチ被害について友人や知人らに相談することができる。しかし民族学校などに通う機会がない在日青年は、学校や会社や家族でさえ孤立しており、同じ在日どうし安心して出会えるエンパワメント空間を持つことができません。それがヘイトスピーチ被害を余計に深刻なものにしているように思います。そういう意味で民族教育は、特に同じマイノリティどうし協力し合えるネットワークを培うという点で、差別禁止法のない日本では、ヘイトスピーチ被害から自分を守る大変重要な拠り所なのだと言えるのではないでしょうか。他方で民族学校も京都朝鮮学校襲撃事件のようにいまなおヘイトクライムの危険に脅かされています。なのでこのような在日コリアンのエンパワメント空間づくりは、ヘイトスピーチ被害への対処に不可欠であると同時に、その前提条件として日本社会の普遍的な差別禁止規範づくりもまた同時に行われねばならないでしょう」

ここからもわかることは、民族教育は、民族の言葉や文化、歴史を学ぶということだけに留まらず、同じルーツを持つもの同士のつながりを持つ重要な場となっているということである。民族教育を通じて、自国や自民族の歴史を学び知識を得て、差別的言論に対し反論することが可能になる。また、同じルーツを持つ者との繋がりを持つことによって、日本社会においても疎外感を感じず生活できるということであろう。

2　多くの外国人学校が選んだ各種学校としての道

外国人学校の多くは、学校教育法第一三四条に基づき各種学校の認可を受け学校運営をしている。各種学校とは、「学校教育法第一条に掲げるもの以外のもので、学校教育に類する教育を行うもの（専修学校を除く）」（学校教育法一三四条参照）と定められており、小学校・中学校・高校・大学などのいわゆる一条校及び専修学校以外の学校として認可を受けたものを指す。

一条校と各種学校では、制度設計が大きく異なる。大学を除く一条校は、教育課程が学習指導要領に基づき作成され、教員も教育職員免許法に基づく教職員免許を取得した者でなければならず（教職員免許法二条及び三条参照）、教科書も文部科学大臣の検定を経た検定教科書を使用しなければならない（学校教育法三四条、四九条、六二条参照）。また、学習指導要領では、「国旗・国歌についての正しい認識を持たせ、それを尊重する態度をしっかりと身に付けさせることが大切であるとの観点から、入学式や卒業式における国旗・国歌の取扱いを明確化」しており、入学式や卒業式では日の丸を掲げ、君が代を斉唱するよう指導がなされている。もっとも、このような厳しい規律の反面、一条校は、国や自治体から各種学校よりも数倍多い公的助成を得て運営することが可能となる。また、一条校に寄付金を支出した場合、納税者は所得控除を受けることができるが、各種学校である朝鮮学校等にはこの適用はなく、厳しい財政状況の中で学校運営をしなくてはならない。

民族の文化や歴史などを教え育むことを目的としている外国人学校の多くは、公的助成が一条校よりも低額であり、税制上の優遇措置を受けられない等の制約があろうとも、より自由に教育を行おうと、一条校の道を選ばず、各種学校としての道を選択していると思われる。

もっとも、これらの相違点については、次のように国際機関から懸念が示され勧告がされている。

社会権規約委員会の総括所見（二〇〇一年九月二四日）

〔三二パラグラフ〕委員会は、少数者の児童が、公立学校において、母国語による、自らの文化についての教育を享受する機会が極めて限られている事実について懸念を表明する。委員会は、少数者の学校——例えば在日韓国・朝鮮の人々の外国人学校などが、たとえそれが国の教育課程に沿うものであっても、公的に認められず、それゆえ、中央政府の補助金も受けられず、大学入学試験受験資格も与えられない事実についても懸念を有する。

〔六〇パラグラフ〕委員会は、かなりの数の言語的少数者の児童生徒が在籍している公立学校の公式な教育課程において母国語教育が導入されることを強く勧告する。さらに委員会は、それが国の教育課程に従うものであるときは、締約国が少数者の学校、特に在日韓国・朝鮮の人々の外国人学校を公式に認め、それにより、これらの学校が補助金その他の財政的援助を受けられるようにし、また、これらの学校の卒業資格を大学入学試験受験資格として認めることを勧告する。

自由権規約委員会の総括所見（二〇〇八年一〇月二八日・二九日）

〔三一パラグラフ〕委員会は、朝鮮学校に対する国庫補助金が通常の学校に対する補助金より極めて低額であること、そのため朝鮮学校では民間の寄付に過度に依存せざるを得なくなっているが、こうした寄付には日本の私立学校やインターナショナルスクールへの寄付とは違い、税金の免除や控除が認められていないこと、また朝鮮学校の卒業資格が自動的に大学受験資格として認められていないことに、懸念を有する。締約国は、国庫補助金の増額並びに他の私立学校への寄付と同様の財政上の優遇措置を朝鮮学校への寄付に適用することによって、朝鮮学校に対する適切な財政的支援を確保すべきであり、また朝鮮学校の卒業資格を即大学受験資格として認めるべきである。

3　朝鮮学校における教育

筆者が通った大阪府下の朝鮮学校についてみると、大阪府下には、幼稚園・初級学校（小学校に相当）八校・中級学校（中学校に相当）二校・高級学校（高校に相当）一校があり、大阪府・奈良県・和歌山県に居住する在日コリアンの子どもたちが通っている。朝鮮学校に通う在日コリアンの子どもたちの多くは、植民地支配の時代に日本に渡ってきた在日朝鮮人一世らの子孫である。

朝鮮学校では、在日コリアンの子どもたちや朝鮮半島にルーツを持つ子どもたちに対し、朝鮮民族の言葉である朝鮮語による普通教育を行っている。大阪の朝鮮学校だけでなく全国の朝鮮学校では、朝鮮半島にルーツがあれば、生徒の国籍は問わず受け入れている。また、学校教育法第一条に定められる小学校・中学校・高校からの進学、編入等も広く受け入れている。

朝鮮語の授業は、初級学校においては週六単位以上、中級学校においては週五単位、高級学校においては週四単位（全て授業一単位時間四五分）行われており、子どもたちに朝鮮語を重点的に教えている。それだけでなく、朝鮮学校では、日本語以外の授業全てにつき朝鮮語で実施しており、かつ、学校内の課外活動全般にわたって朝鮮語での教育が実施されている（これは、大阪の朝鮮学校だけでなく全国の朝鮮学校においても同様である）。それとともに、朝鮮史や朝鮮現代史といった、朝鮮学校独自の科目も設けている。もっとも、カリキュラムは、朝鮮語や朝鮮史といった独自の科目を除いては学習指導要領を参考にして作成され、一条校と遜色ない普通教育が実施されている。

また、朝鮮学校ではクラブ活動も盛んである。例えば、大阪朝鮮高級学校ラグビー部は、全国高等学校ラグビーフットボール大会の大阪府代表、全国大会出場の常連であり、その活躍ぶりから、韓国の映画監督らによって「六〇万回のトライ」（監督：朴思柔・朴敦史、制作二〇一三年）と題したドキュメンタリー映画まで制作されたほどである。

4　朝鮮学校に対する日本政府や自治体の姿勢

（1）朝鮮学校に対する日本政府の姿勢

在日朝鮮人は、日本敗戦直後から「国語（朝鮮語）講習所」を設立し、植民地支配によって奪われた母国語を取り戻し、日本で生まれ育った子どもたちに、朝鮮語や文化を学ばせようとした。これが朝鮮学校の始まりと言われている。その後、「国語（朝鮮語）講習所」は拡大し、単なる「寺小屋」のような教育施設ではなく、在日の子どもたちに体系的な教育を施す教育施設として発展していった。

しかし、一九四八年一月二四日、文部省（当時）は、「朝鮮人の子弟であっても学齢に該当する者は、日本人同様市町村立又は私立の小学校、又は中学校に就学させなければならない。」との通達（「朝鮮人設立学校の取り扱いについて」（官学第五号、学校教育局長より文部省大阪出張所長・各都道府県宛））を発し、在日朝鮮人の子どもたちが朝鮮学校で学ぶことを禁じた。これがいわゆる第一次学校閉鎖令である。同年四月に、在日朝鮮人たちが多く居住していた阪神地区で大規模な抗議活動が行われた（いわゆる四・二四阪神教育闘争）。同年五月に入り、森戸辰男文部大臣と朝鮮人教育対策委員会責任者である崔容根との間で「1　朝鮮人の教育に関しては教育基本法及び学校教育法に従うこと」「2　朝鮮人学校問題については私立学校として自主性が認められる範囲内において、朝鮮独自の教育を行うことを前提として、私立学校として申請すること」という内容の「覚書」を交わし、朝鮮学校は、不十分ではあるものの自主性を守ることができた。

その後も、文部省（当時）は、「覚書」に基づいて一九四九年一〇月一三日に、「朝鮮人学校に対する措置について」（文管庶第六九号・文部省管理局長・都道府県特別審査局長から都道府県知事・同教育委員会宛）と題した通達を発した。その内容の骨子は、概要「無認可の朝鮮人学校には所定の手続を経て認可を受けさせるようにし、認可申請しないものは閉鎖する。朝聯が設置していた学校については、設置者を喪失し、廃校になったものとして処置する。」等であった。この通達が契機となり、同月一九日には第二次学校閉鎖令が発布され、朝鮮学校が強制閉鎖されるに至った。これは在日朝鮮人が、植民地支配から解放されたあともなお、法的には「日本国籍者」として扱われており、その子どもたちの「就学義務」を口実とした扱いであった。在日朝鮮人に対する民族教育は、自主学校（無認可校）や公立学校の分校、公立学校の夜間学級等の形態で存続することとなった。

その後、サンフランシスコ講和条約発効の直前である一九五二年四月一九日、朝鮮人と台湾人は、法務府民事局長の民事甲第四三八号通達によって「日本国籍」を喪失し「外国人」となったと宣告された。翌年二月一一日、文部省は、「朝鮮人の義務教育諸学校への就学について」（文初財七四号、文部省初等中等教育局長から各都道府県教育委員会宛）という通達を発し、「外国人」となった在日朝鮮人らには「就学義務」はなくなり、公立の義務教育学校に入学したとしても、義務教育無償の原則は適用されないと明示された。

さらに、文部省は、一九六五年一二月にも、「朝鮮人のみを収容する教育施設の取扱いについて」（文管振二一〇号、文部事務次官から各都道府県教育委員会・各都道府県知事宛）という通達を発した。通達の中には、朝鮮学校を「学校教育法第一条の学校として認可すべきでないこと」はもちろん、「朝鮮人としての民族性または国民性を涵養することを目的とする朝鮮人学校は、わが国の社会にとって、各種学校の地位を与える積極的意義を有するものとは認められないので、これを各種学校として認可すべきでない」という内容が含まれており、まさに朝鮮学校の存在自体を否定する通達であった（もっとも、このような日本政府の姿勢とは異なり、地方自治体は、朝鮮学校の存在意義を認め、朝鮮学校を各種学校として認可し、わずかではあるものの、補助金も交付してきたという歴史がある）。

(2) 真の多文化共生社会になるために

このように、日本政府は、朝鮮学校が設立された当初から、朝鮮学校を認めず、厳しい態度を取り続けている。朝鮮学校に対する姿勢は、現在に至るまで一貫しており、昨今では、いわゆる「高校無償化」制度の対象から、朝鮮学校だけが排除され続けている状況である。また、二〇一六年三月二九日には、文部科学大臣の名義で、朝鮮学校が存在する都道府県の知事宛に「朝鮮学校に係る補助金交付に関する留意点について」という通知が発出された。そこでは、「朝鮮学校に係る補助金の公益性、教育振興上の効果等に関する十分な御検討とともに、補助金の趣旨・目的に沿った適正かつ透明性のある執行の確保及び補助金の趣旨・目的に関する住民への情報提供の適切な実施をお願いします。」との記載がなされており、明示的ではないものの、暗に朝鮮学校への補助金支出をやめるよう各自治体に促すかのような内容になっている。実際に、この通知を受け、朝鮮学校への補助金支出を打ち切った自治体も出ており、二〇一七年四月一三日付毎日新聞によると、文部科学大臣の通知を受け、茨城、三重、和歌山の三県が前年度の予算に計上した補助金を交付しなかったことが分かったとのことであった。その他の自治体でも補助金の打ち切りは相次いでいる。

朝鮮学校は、設立直後から現在に至るまで、以上のような苦しい状況に置かれながらも屈することなく民族教育を続けてきている。

京都朝鮮第一初級学校襲撃事件において、在特会メンバーらは、同校の校門前で「朝鮮学校を日本から叩き出せ」「朝鮮学校、こんなものはぶっ壊せ」と叫んでいた。この発言と、他の外国人学校とすら扱いを異にして差別化を図る日本政府の朝鮮学校に対する姿勢はどこが異なるのであろうか。日本政府が朝鮮学校に対して制度的差別を行い続ける限り、それは「朝鮮学校や同校に通う生徒たちを差別しても構わないのだ」というメッセージの発信となる。朝鮮学校や同校に通う子どもらに対する差別やヘイトスピーチをなくし、日本社会が真の多文化共生社会になろうとするのであれば、まずは、日本政府の朝鮮学校に対する姿勢を見直すべきである。

第9章　朝鮮学校の無償化裁判

全　東周

新大久保や鶴橋での排外主義デモに代表される人種差別的なヘイトスピーチが一般市民によって行われている。このような一般市民によるヘイトスピーチがなぜ発生するのか、なぜ無くならないのか。これらの問いに対する答えの一つとして、国による「差別」が一般市民によるヘイトスピーチを助長・後押ししていることが挙げられるのではないだろうか。

「朝鮮学校については、拉致問題の進展がないことや、朝鮮総連と密接な関係にあることから、朝鮮学校に高校無償化制度を適用することは、国民の理解を得られない」

二〇一二年一二月の総選挙後に政権が交代し、自民党を中心とする内閣が成立した直後の一二月二八日に開かれた閣僚懇談会での下村文部科学大臣（当時）の発言である。

国は、「北朝鮮問題」という政治的・外交的問題を何ら関係のない朝鮮学校の生徒に転嫁し、公然と「差別」している。

本章のテーマである「高校無償化制度」については、当初は朝鮮学校に通う生徒をも対象とすることを前提に予算化までされていたものであった。にもかかわらず、国は、突如「政治的・外交的な問題」を理由に最終的には朝鮮学校を除外するという判断を下し、現在に至っている。

「私の高校生活は高校無償化制度から排除され続けた三年間でした」

「どうして、私たちは、ほかの学校の生徒たちと同じように悩み、苦しみ、夢をもち、汗を流し、一生懸命に学校生活を送っているのに、差別されてしまうのでしょうか」（高校三年生の男子生徒。当時）

「私は中学生だった四年前、ニュースで〈高校無償化〉の話を聞きました。そのニュースを見て私は大変嬉しく思いました。なぜなら、共働きの父母たちの経済的負担が減ると思ったからです。……また、半世紀以上の歴史を持ちながらも、今までいろんな差別を受けた朝鮮学校が、今回は日本の学校や他の外国人学校と等しく〈高校無償化〉の対象になると聞いたからです」

「しかし、現実は私の想いの通りにはいきませんでした」

「私が裁判の原告になったことは、普通の高校生であれば経験しない特異な経験であると思います。しかし、誰かが立ち上がらなければ何も変わりません。後輩たちに私と同じような悲しい思いはさせたくありません」（二年生の女子生徒。当時）

二〇一四年四月二日（水）午後一時一〇分過ぎ、傍聴席が満員となった東京地方裁判所四一五号法廷にて、高校三年生の男子生徒、二年生の女子生徒の自らの想いを込めた意見陳述がなされた。

上記の声が朝鮮学校に通う生徒の率直な気持ちであろう……。

朝鮮学校の高校無償化除外に対しては、東京、大阪、愛知、広島、福岡の各地域にて裁判が提起されており、現在審理がなされている（東京、大阪では既に上告が退けられ、判決が確定している）。各地域での裁判の状況については、後で説明するとし、本稿では東京朝鮮中高級学校の生徒が原告となっている東京での裁判を通じて、朝鮮学校の無償化裁判について述べていきたいと思う。以下に述べる裁判の内容は全て東京地裁に提起された無償化裁判を前提とする。

1　高校無償化法とは？

「社会全体であなたの学びを支えます」

上記キャッチフレーズの下、「公立高等学校に係る授業料の不徴収及び高等学校等就学支援金の支給に関する法律」（高校無償化法、二〇一〇年四月一日施行。施行当時の名称）によって日本全国の高校の授業料の無償化がスタートした。この制度は、公立高校の授業料を不徴収とし、外国人学校を含む私立高校等に通う生徒に対しては就学支援金を支給するという制度である。就学支援金は、法の施行当時、月額九九〇〇円（年額一一万八八〇〇円）であった（保護者の所得により一・五倍または二倍の加算制度があったが、二〇一四年度より、所得制限が設定される等支給要件が変わっている）。

就学支援金の受給資格は、学校ではなく、生徒に与えられる。すなわち、就学支援金は、学校への補助ではなく、生徒一人ひとりが受け取るものであった。特筆すべきは、高校無償化法が、外国人学校の生徒についても、就学支援金を支給することとしている点であった。

外国人学校の生徒が就学支援金を受給するには、学校の設置者が文部科学大臣の指定を受ける必要がある。高校無償化法の施行規則は、外国人学校を、

（イ）民族系外国人学校（大使館を通じて日本の高等学校の課程に相当する課程であることが確認できる

もの）
（ロ）インターナショナルスクール（国際的に実績のある学校評価団体の認証を受けていることが確認できるもの）
（ハ）その他
に分類し、（ハ）の指定に関しては、別途規程を設けて文部科学大臣が個別に該当するかどうかを判断することになった。この規程は、文部科学大臣の諮問機関として設置され、教育制度の専門家等で構成される「検討会議」の五回の会議を経て公表された「基準」に基づいて制定されたものである。規程は、専修学校高等課程の設置基準をベースにして、修業年限を三年以上として、各学校の年間指導計画などにより、指定を受けようとする各種学校が「高等学校の課程に類する課程」であるかどうかを「制度的・客観的」に判断することとしている。これは、教育上の観点から「制度的・客観的」に判断するのであり、「政治的・外交的事項」を理由とすることは許されないことを意味する。

以上の法的な論点の位置付けをまとめると次のようになる。

1．高校無償化法二条一項五号
朝鮮学校を含む外国人学校については、「各種学校（高等学校の課程に類する過程を置くものとして文部科学省令で定めるもの）」に該当するか否かが問題。

↓
2．施行規則

高等学校の課程に類する過程を置くものと認められるか否かについては文部科学大臣が判断する。朝鮮学校は「(ハ) その他」に当たるかどうか判断される。

3.(ハ) の指定に関する規程（以下規程）

専修学校高等課程の設置基準をベースにして、修業年限を三年以上として、各学校の年間指導計画などにより、指定を受けようとする各種学校が「高等学校の課程に類する課程」であるかどうかを「制度的・客観的」に判断する。

申請した外国人学校のうち、朝鮮学校を除く全ての外国人学校は、この1~3により、(イ)(ロ)(ハ) の指定を受けている。後に述べるとおり、最終的に (ハ) の規定自体が削除され、朝鮮学校のみが除外される形となった。

朝鮮学校が除外されるまでの経緯は次の節において詳述する。

2　裁判提起に至るまでの事実経過

高校無償化法施行後、朝鮮学校の設置者である学校法人東京朝鮮学園は、二〇一〇年一一月三〇日に上記 (ハ) に基づく指定の申請を行っている。

しかし、文部科学大臣は、およそ学校や生徒とは無関係な二〇一〇年一一月二三日に起こった「朝鮮民主主義人民共和国（以下、「朝鮮」という）による延坪島の砲撃」という政治的・外交的事項を理由に、指定の手続を停止した（指定をするかどうかについては、1節でも述べたとおり、そもそも教育上の観点から客観的に判断しなければならない）。

このような本来考慮すべきでない政治的・外交的な問題を理由として手続が停止され、その後、審査手続が再開したものの、遅々として進まず、二〇一二年一二月には安倍政権が発足し、下村文部科学大臣（当時。以下、「下村大臣」という）が就任するやいなや、記者会見で、朝鮮学校については拉致問題の進展がないこと、朝鮮総連と密接な関係にあり、教育内容、人事、財政にその影響が及んでいること等から、現時点での指定には国民の理解が得られないとして、全国の朝鮮学校を不指定とする方針を明らかにした。

その後、下村大臣は、二〇一三年二月二〇日、一方的に施行規則を改正し、（ハ）を削除したうえ、高校無償化から排除する措置（具体的には、設置者である東京朝鮮学園に対し、朝鮮学校を就学支援金に関する高等学校等に指定しない旨の処分）を行った。

排除の理由としては、①（ハ）の規定を削除したこと（以下「理由①」という）、②（ハ）の指定に関する規程一三条[*1]に適合すると認めるに至らなかったこと（以下「理由②」という）の二点とされていた。

なお、自民党は、高校無償化法が施行される前の野党時代から、朝鮮学校の教育内容等を理由に高

＊1　規程第一三条　前条に規定するもののほか、指定教育施設は、高等学校等就学支援金の授業料に係る債権の弁済への確実な充当など法令に基づく学校の運営を適正に行わなければならない。

校無償化は認められないと機関紙などを通じて意見表明しており、[*2] 二〇一二年一二月二六日の自民党政権発足後の二日後には下村大臣自らが朝鮮学校を無償化の対象としないことを表明している。そして、そこから二カ月も経たないうちに朝鮮学校の無償化除外という結論を出しており、これはもはや朝鮮学校を無償化から除外することを念頭に置いていた対応としか見ることはできず、まさに結論ありきの対応であった。このことは、当時、朝鮮学校が（ハ）の規定に該当するか否かを審査する手続が継続していたにもかかわらず、これを一方的に無視して意見を待たずに結論を出していることからも明らかであった。

3　裁判の提起

高校無償化法は、既に述べたとおり、外国人学校に通う生徒も含め、「全ての意志ある後期中等教育段階にある生徒の学びを保障し、家庭の状況にかかわらず、安心して勉学に打ち込める社会をつくる」という立法趣旨のもと、法成立過程における国会審議や政府見解などにおいても朝鮮学校に対し

＊2　民主党野田政権発足後の二〇一一年九月二〇日、自民党機関誌（『自由民主』二四七八号）において、下村大臣（当時の肩書きはシャドウ・キャビネット〔ＳＣ〕）は、インタビュー記事において、「手続き的には文部科学大臣が定める規定で、教育内容を基準とせずに、外形的な条件を満たせば無償化の対象となります。確かに、教育内容について、無償化指定後に『留意事項』によって改善を促す規定があるものの、これはどの程度教育内容が改善されたかを調査するにすぎません。従って、審査手続きが再開されれば、事実上無償化の対象となってしまうのです」と述べている。

ても適用することを前提にしていたし、事実予算付けもしていた。

しかしながら、国は、自民党政権になるや否や、朝鮮学校については拉致問題の進展がないこと等から方針を転換し、一転して朝鮮学校を無償化制度から除外するという結論に至った。

そのため、弁護士有志による弁護団が結成され、二〇一四年二月一七日に東京地方裁判所に裁判を提起した。

今回の無償化除外措置は、朝鮮との政治的・外交的な問題をことさら取り上げて、その不利益を何の罪もない朝鮮学校の生徒個々人に転嫁するもの以外の何物でもなく、何よりも自らが制定した法令に矛盾する行為であり、到底正当化できるものではない。国は、朝鮮学校を高校無償化から排除する措置を取り、その際理由①、理由②を挙げているが、理由②は後付けの理由に過ぎず、真の理由は理由①に他ならない。

弁護団としては、これらの事実を裁判所に訴えるべく、関係者と協議の上、裁判の提起という決断を下した。

そして、冒頭でも述べたとおり、二〇一四年四月二日（水）、第一回口頭弁論期日を迎えた。口頭弁論期日は、午後一時一〇分からであったが、午後〇時には、四二席の傍聴券を求めて東京地方裁判所入口に約三八〇人が並ぶ異例の状況となった。

第一回口頭弁論期日では、原告を代表して朝鮮学校の生徒二名が意見陳述を行った。傍聴席が満員となる緊迫した雰囲気の中で、堂々と自分の言葉で話をする姿には裁判官に気持ちを伝えたいという強い意志を感じることができた。

裁判における法律構成（国に対して具体的に何を求めていくのか）については、各地域の裁判で異なっているが、東京の場合、生徒の学ぶ権利が侵害されているということを端的に伝えるために、生徒個人を原告とする国に対する国家賠償請求という法律構成にしている。

請求の内容は原告一人に対しそれぞれ慰謝料一〇万円の支払いを求めるものとなっている。

4　裁判の経過

東京地方裁判所への裁判提起後、一四回の口頭弁論を重ねた結果、二〇一七年九月一三日に第一審判決、二〇一八年一〇月三〇日に控訴審判決が出されている。第一審、控訴審とも、裁判所は原告らの請求を認めず、国による朝鮮学校の高校無償化からの不当な排除を追認している。弁護団は最高裁判所に上告したが、二〇一九年八月二七日最高裁は上告を退ける決定をし、控訴審判決が確定している。

以下、各裁判の内容を説明する。

（1）東京地裁判決（二〇一七年九月一三日）

判決は、理由②について、指定に関する規程一三条に適合すると認めるに至らなかったとする文科大臣の判断に裁量の範囲の逸脱・濫用はない（そのため、①の理由については判断する必要はないとして判断せず）として、①の理由についての判断を回避し、国側の主張をほぼそのまま認める形で原告らの請求を棄却している。

判決は、朝鮮学校を高校無償化から排除するに至った事実経過（政治的・外交的理由であること）を全く考慮しておらず、本件における真の理由が理由①であることから、目を背けたものであり不当である。また、文科大臣（行政）の裁量を過剰に重視しすぎている点も同様に不当である。

（2）東京高裁判決（二〇一八年一〇月三〇日）

弁護団は、第一審判決に対し控訴をし、国側が主張している理由①と理由②はそれぞれ独立したものではなく、論理的に両立しえない関係にあると主張した。すなわち、理由①は（ハ）の規定が削除されたことを理由とするものである一方、理由②は（ハ）の規定が存続することを前提とするので、この両方の理由が同時に成立することはないという主張である。そして、本件では、二〇一三年二月二〇日に（ハ）の規定を削除する法改正をしており、その後、同年二月二一日に朝鮮学校を不指定とする書面が学校に到達している以上、（ハ）の規定が削除された後に、不指定処分の効力が生じており、（ハ）の規定が先に削除されているので、不指定処分の理由は理由①しか成り立ちえないと主張した。

しかしながら、判決は理由①と理由②が論理的に両立し得ないことは認めた一方で、行政処分の成立と効力の発生は別であり、（ハ）の規定の削除までに不指定処分は成立していたから、本件では理由②も理由となり得るとし、本件事実関係のもとでは、不指定処分の理由は理由②であるとした。そのうえで、理由②について、指定に関する規程一三条に適合すると認めるに至らなかったとする文科大臣の判断に裁量の範囲の逸脱・濫用はないとし、またもや①の理由については判断する必要はないとした。

驚くべきことは、この「行政処分の成立と効力の発生は別」という論点は、国側はおろか当の裁判所からも指摘はなされておらず、判決において突如裁判所から出されたものであった点である。また、判決は、「行政処分の成立と効力の発生は別」という理屈を使い、理由②もありうるとしているが、このような考え方は、行政処分は相手方に到達してはじめて効力を生じるとする過去の最高裁判例に反する。何よりも、東京高裁では、不指定処分の理由が①と理由②のどちらかであるかを決めるにあたって、裁判長自らが（ハ）の規定の削除と不指定処分のどちらが先に「効力」を生じたかによって決まるという立場で審理をしてきたにもかかわらず、判決では「効力の発生」には触れずに、行政処分の「成立」という観点だけで判断している点である。

（３）上告・上告受理申立て

弁護団は、前述のとおり、東京高裁判決が不当であるとして、上告理由書及び上告受理申立書を提出したが、二〇一九年八月二七日、最高裁は、上告を退ける決定をし、東京高裁判決が確定している。人権を守る「最後の砦」である最高裁までもが、不当な東京高裁判決を追認したことは大変遺憾である。

5　他地域での裁判状況

他地域の現在の裁判の状況については、以下のとおりである。

（1）大阪

東京と同様、二〇一九年八月二七日、最高裁は上告を退ける決定をし、大阪高裁判決が確定している。

第一審の大阪地裁判決では、理由①について、規定（ハ）の削除は、法の目的である教育の期間均等とは無関係な外交的・政治的判断に基づくものであることから、法の委任の趣旨に反するものとして違法・無効であるとした。また、理由②について、指定に関する規程一三条に適合しているか否かについては、既に規定（ハ）に基づいて指定されている他の外国人学校と同様の基準を満たしていれば、「他に特段の事情がない限り」基準に適合する、として、本件では「特段の事情」はないとして基準に適合するとした。

大阪地裁判決は、今回の無償化除外措置が、朝鮮との政治的・外交的な問題をことさら取り上げて、その不利益を何の罪もない朝鮮学校の生徒個々人に転嫁するものであることを正面から判断している点で評価できる。

しかしながら、大阪高裁判決は、上記地裁判決を破棄し、理由②について、結論として、指定に関

郵便はがき

料金受取人払郵便

神田局
承認

7451

差出有効期間
2021年7月
31日まで

切手を貼らずに
お出し下さい。

101-8796

537

【受 取 人】

東京都千代田区外神田6-9-5

株式会社 **明石書店** 読者通信係 行

お買い上げ、ありがとうございました。
今後の出版物の参考といたしたく、ご記入、ご投函いただければ幸いに存じます。

ふりがな お 名 前	年齢	性別
ご 住 所 〒 -		
TEL ( ) FAX ( )		

メールアドレス	ご職業（または学校名）

＊図書目録のご希望	＊ジャンル別などのご案内（不定期）のご希望
□ある □ない	□ある：ジャンル（ ） □ない

書籍のタイトル

◆本書を何でお知りになりましたか？

□新聞・雑誌の広告…掲載紙誌名[ ]

□書評・紹介記事……掲載紙誌名[ ]

□店頭で　□知人のすすめ　□弊社からの案内　□弊社ホームページ

□ネット書店 [ ]　□その他[ ]

◆本書についてのご意見・ご感想

■定　価	□安い（満足）	□ほどほど	□高い（不満）
■カバーデザイン	□良い	□ふつう	□悪い・ふさわしくない
■内　容	□良い	□ふつう	□期待はずれ

■その他お気づきの点、ご質問、ご感想など、ご自由にお書き下さい。

◆本書をお買い上げの書店

[　市・区・町・村　書店　店]

◆今後どのような書籍をお望みですか？

今関心をお持ちのテーマ・人・ジャンル、また翻訳希望の本など、何でもお書き下さい。

◆ご購読紙　(1)朝日　(2)読売　(3)毎日　(4)日経　(5)その他[新聞]

◆定期ご購読の雑誌 [ ]

ご協力ありがとうございました。

ご意見などを弊社ホームページなどでご紹介させていただくことがあります。　□諾　□否

◆ご 注 文 書◆　このハガキで弊社刊行物をご注文いただけます。

□ご指定の書店でお受取り……下欄に書店名と所在地域、わかれば電話番号をご記入下さい。

□代金引換郵便にてお受取り…送料+手数料として300円かかります（表記ご住所宛のみ）。

書名	冊
書名	冊

ご指定の書店・支店名	書店の所在地域 都・道　府・県　市・区　町・村
	書店の電話番号　(　　)

する規程一三条に適合すると認めるに至らなかったとする文科大臣の判断に裁量の範囲の逸脱・濫用はない（そのため、①の理由については判断する必要はないとして判断せず）としている。

（2）愛知・広島・福岡

現在、控訴審に係属中である。

いずれの地域においても、第一審判決は東京の場合とほぼ同様に、理由②について、結論として、指定に関する規程一三条に適合すると認めるに至らなかったとする文科大臣の判断に裁量の範囲の逸脱・濫用はない（そのため、①の理由については判断する必要はないとして判断せず）として、原告の請求を認めていない。

6　各地での支援の輪・各機関からの声明等

朝鮮学校の無償化除外という国による公然とした「差別」に対し、抗議の声を上げているのは朝鮮学校の関係者だけでは決してない。

「東京朝鮮高校生の裁判を支援する会」を始め、全国各地で朝鮮学校を支援する会が日本人を中心に設立され、現在まで精力的な活動がなされている。

また、世界からも日本政府に対して、厳しい批判がなされている。裁判提起後の二〇一七年八月二九日、人種差別撤廃委員会は総括所見において、二〇一〇年に引き続き、日本政府に対し、就学支援金制度からの朝鮮学校の除外に対して懸念を表明するとともに、差別をしないよう勧告をしている。[*3]また、二〇一七年一一月の国連人権理事会における第三回ＵＰＲ日本審査でも、一部の国より朝鮮学校の高校無償化適用を求める勧告がなされている。

さらに、日本弁護士連合会や各地の弁護士会、そして各種団体からも朝鮮学校の高校無償化除外に対し反対をするとともに無償化を適用するよう求める声明が出されている。

さいごに

本書での報告を通じて、朝鮮学校の無償化除外が国による「差別」であり、政治的・外交的問題をマイノリティに押し付ける国の手法が、今日のヘイトスピーチを助長・後押し、ヘイトスピーチにいわば「お墨付き」を与えている。そして現状、残念ながら司法もこれを追認していることをご理解いただけたのではないかと思う。

重要な点は、朝鮮学校の無償化除外問題が決して朝鮮学校だけの問題ではなく、国の意図に沿わない集団・人物（その意味で現在のマジョリティの方々もいつでもマイノリティになる可能性を有している）に対する国の公然とした「差別」により誰もが、ヘイトスピーチの対象となる危険をはらんでいるこ

＊3　その他、子どもの権利委員会の二〇一〇年六月二〇日の総括所見及び社会権規約委員会の二〇一三年五月一七日の総括所見においても、民族的マイノリティに属する子どもへの差別の解消や就学支援金制度が朝鮮学校に通う子どもたちに適用されることを確保するよう、日本政府に求めている。

とである。

冒頭で文科大臣が朝鮮学校の無償化除外の理由として述べていた「国民の理解」とは日本国民全体では決してなく、「時の政府の方針に沿った考え・思想を持つ日本国民の理解」のことなのかもしれない。国の不当な「差別」が、ヘイトスピーチを助長・後押しすることで、多文化共生社会を否定し、多様な考え方を否定する社会になりつつあるという危惧を個人的には強く有している。

最後に朝鮮学校の無償化除外問題が一日も早く解決し、朝鮮学校に通う生徒が日本の高校生と同様に政治的問題に振り回されることなく青春時代を満喫してもらうことを願ってやまない。

Ⅲ

ヘイトスピーチをなくす取り組み

第10章　ヘイトスピーチに関する裁判例

韓　雅之

本章では、ヘイトスピーチ被害者が司法に対して被害の救済を求めるケースとして、これまで日本でヘイトスピーチが問題となった主な裁判例について概観する。

本章で取り上げる裁判例は、以下のとおりである。1京都朝鮮学校襲撃事件、2徳島県教組襲撃事件、3李信恵氏対在特会等事件、4李信恵氏対保守速報事件、5川崎市ヘイトデモ禁止仮処分事件、6大阪市鶴橋ヘイトデモ禁止仮処分事件、7東京朝鮮中高級学校ヘイト街宣禁止仮処分事件。

1　京都朝鮮学校襲撃事件

A　事案

「在日特権を許さない市民の会」（以下、「在特会」という。）およびその当時の主要メンバー九名（以下、在特会を含め総称する場合、「Yら」という。）が、二〇〇九年一二月四日、学校法人X（以下、「本件学校法人」という。）が設置・運営する京都朝鮮第一初級学校（以下、「本件学校」という。）の南門前およびその向かいにある児童公園（以下、「本件公園」という。）に集結し、拡声器を用いながら本件学校関係者らに怒号を浴びせるなどの示威活動を行い（示威活動①）、その映像をインターネットで公開した（映像公開①）。

さらにYらをはじめとする合計約三〇名は、二〇一〇年一月一四日、再び本件公園に集結し、幟、拡声器、街宣車を用いて、本件学校周辺を行進する示威行動を行い（示威活動②）、その映像をインターネットで公開した（映像公開②）。

さらに、Yらをはじめとする多数の参加者は、同年三月二八日、本件学校の近くまで行進する示威活動を行い、これと並行して別動隊が在特会の活動に批判的な集団に街頭で対抗する示威活動を行い（示威活動③）、その映像をインターネットで公開した（映像公開③）。

本件学校法人は、Yらに対して、上記の各示威活動および映像公開が不法行為に該当するとしてYらに連帯して損害賠償の支払いを求めるとともに、法人の人格権に基づき同様の活動の差止めを求めた。

なお、Yらの一部は、二〇一〇年八月一〇日、上記の示威活動①が威力業務妨害罪及び名誉毀損罪等にあたるとの嫌疑で逮捕されたが、起訴段階で名誉毀損罪が侮辱罪に落とされた。被告人らは、後述の徳島県教組事件と併合審理のすえ、二〇一一年四月一日、京都地裁で有罪判決を受けている。

上記各示威活動でYらにより行われた発言等の一部を挙げると、次のとおりである。

〈示威活動①より〉

「我々の先祖の土地を奪った。戦争中、男手がいないことから、女の人をレイプして奪ったのがこの土地」「日本の先祖からの土地を返せ」「これはね、侵略行為なんですよ、北朝鮮による」「ここは北朝鮮のスパイ養成機関」「犯罪者に教育された子ども」「ここは横田めぐみさんを始め、日本人を拉致した朝鮮総連」「朝鮮やくざ」「こいつら密入国の子孫」「朝鮮学校を日本からたたき出せ」「出て行け」「朝鮮学校、こんなものはぶっ壊せ」「約束というのはね、人間同士がするもんなんですよ。人間と朝鮮人では約束は成立しません」「日本に住ましてやってんねや。な。法律守れ」「端のほうあるいとったらええんや、初めから」「我々は今までみたいな団体みたいに甘うないぞ」

〈示威活動②より〉

「不逞な朝鮮人を日本からたたき出せ」「日本の子どもたちの笑い顔を奪った卑劣、凶悪な朝鮮学校を我々日本人は許さないぞ」「北朝鮮の工作員養成機関、朝鮮学校を日本から叩き出せ」「朝鮮人を保険所で処分しろ」「犬の方が賢い」

〈示威活動③より〉

「ゴキブリ、ウジ虫、朝鮮半島へ帰れー」「くやしいくやしい朝鮮人は、金正日のもとに、帰れー」「京都をキムチの匂いに、まみれさせてはいけない」「ゴキブリ朝鮮人、とっとと失せろー」「日本に差別され、くやしい、くやしい朝鮮人は、一人残らず、朝鮮半島に帰れー」

B　判決の結論

第一審の京都地裁（二〇一三年一〇月七日判決・判例時報二二〇八号七四頁）は、Yらに対し合計約一二二五万円の損害賠償責任を認め、さらに本件学校の北門から半径二〇〇メートルの範囲内での示威活動を禁止する判決を出した。

控訴審である大阪高裁（二〇一四年七月八日判決・判例時報二二三二号三四頁）は、原審京都地裁の結論を支持し、Yらの控訴を棄却した。

Yらは、上告したが、最高裁は上告の受理を認めず（最高裁第三小法廷二〇一四年一二月九日決定）、本件学校法人勝訴の判決が確定した。

C　コメント

ア　ヘイトスピーチに関する代表的判例

本件は、Yらによって、子どもが集う場である学校に対する襲撃が行われた事件であり、その模様がインターネットで公開された。Yらの一連の言動は、在日コリアンに対する屈折した差別意識と激しい憎悪が集団によって表出されたものであり、これまでの暗にタブー視されてきた一線をやすやすと乗り越える卑劣で過激な言動であって、映像を見た者をして、大きな衝撃を与えるものであった。このようなYらの行動に対して、日本の司法がどのような態度で臨むのか、司法の良識が問われる事件であった。

裁判所は、このようなYらの行為を、名誉毀損・業務妨害の不法行為に該当するとしたうえ、人種差別撤廃条約の「人種差別」にも該当すると断じ、Yらの反論を一蹴してYらに対して高額賠償を命じた。

本判決は、その後の、ヘイトスピーチに関する裁判や、「本邦外出身者に対する不当な差別的言動の解消に向けた取組の推進に関する法律」（平成二八年六月三日法律第六十八号、同日施行）（以下、本章では「ヘイトスピーチ解消法」、「差別的言動解消法」または単に「解消法」という）の立法の動きにも、少なからず影響を与えており、ヘイトスピーチに関する代表的判例であると言える。

なお、本件でのYらの行動は、本件学校法人に対して向けられた言動であることは明白であったため、ヘイトスピーチ特有の問題とされる、「被害者の特定」に困難を伴う事例ではなかった。

イ　Yらの言動が人種差別撤廃条約の「人種差別」に該当すると認定したこと

京都地裁も大阪高裁も、Yらによる上記の各示威活動及び映像公開は、全体として人種差別撤廃条約一条一項所定の「人種差別」に該当する、と認定した。

すなわち、①Yらがかねてより在日朝鮮人に対する差別意識を有していたこと（Yらの従前からの差別意識）、②本件学校が校庭代わりに本件公園を使用している事実にかこつけて、本件学校に攻撃的言動を加え、その刺激的な映像を公開すれば、自分たちの活動が広く世に知れ渡ることになり、多くの人々の共感を得られるはずだと考えた点にあること（示威活動①の動機）、③その他、本件各示威活動における実際の発言内容やその態様、等を具体的に認定したうえで、Yらの行為は、いずれも、在日朝鮮人に対する差別意識を世間に訴える意図の下、在日朝鮮人に対する差別的発言を織り交ぜてされたものであり、在日朝鮮人という民族的出身に基づく排除であって、在日朝鮮人の平等の立場での人権及び基本的自由の享有を妨げる目的を有するものといえる、として、全体として人種差別撤廃条約一条一項所定の人種差別に該当する、と認定した。

なお、Yらは、人種差別撤廃条約一条一項所定の「人種差別」には国籍による区分は含まれないので、一連の言動は、「人種差別」ではなく、外国人政策ないし移民政策に関する政治的意見である旨主張していたが、裁判所は、Yらの具体的発言内容から、それは国籍の有無による区別ではなく、民族的出身に基づく区別又は排除であり、人種差別撤廃条約一条一項にいう「人種差別」に該当すると断じ、Yらの反論を一蹴している。

その後のヘイトスピーチに関する裁判においても、当該行為が人種差別撤廃条約の「人種差別」に該当するかが問題となっており、右記の認定手法は参考になると思われる。

ウ　高額賠償を認めたこと

本判決は、名誉毀損や業務妨害による損害賠償としては、高額な賠償を認めたものとして注目を浴びた（示威活動①及び映像公開①で五〇〇万円、示威活動②及び映像公開②で三〇〇万円、示威活動③及び映像公開③で三〇〇万円）。

先行する刑事訴訟で、Yらの一部に有罪判決が出ていたため、損害賠償請求が認容されることはあらかじめ予想されていたが、問題は、損害賠償の認容額とその理論構成であった。

この点、第一審の京都地裁も、第二審の大阪高裁も、人種差別撤廃条約を私人間に直接に適用しようとするものではなく、名誉毀損や業務妨害などの不法行為（民法七〇九条）が成立することを前提に、当該行為が同時に人種差別撤廃条約の「人種差別」に該当する場合に、損害の認定にあたって人種差別撤廃条約の趣旨を考慮しようとする点で、共通している。

しかし、京都地裁と大阪高裁では、人種差別撤廃条約が、日本国の裁判所に対して、いかなる規範を与えているか、についての捉え方が異なる。この違いが、損害（無形損害）の認定に至るアプローチに違いを生じさせている。

すなわち、京都地裁は、①人種差別撤廃条約二条一項及び同六条の規定は、日本の裁判所に対して直接に義務を負わせる規定であると解し、②人種差別行為による無形損害が発生した場合、裁判所が加害者に対し支払を命ずる賠償額は、人種差別行為に対する効果的な保護及び救済措置となるような額を定めなければならないと解している。③その結果、原告に対する業務妨害や名誉毀損が人種差別として行われた場合は、裁判所が行う無形損害の金銭評価についても高額なものとならざるを得ない、と説明している。

これに対して、大阪高裁は、京都地裁の右記の①の認定、すなわち、人種差別撤廃条約の条項が裁判所を名宛人として直接に義務を負わせる規定である、との判示部分を削除し、㋐私人間において人種差別的な発言が行われた場合には、民法七〇九条の解釈適用を通じて、人種差別撤廃条約の趣旨を私人間においても実現すべきものである、と穏当な表現に修正し、㋑不法行為の損害賠償制度は、実損害の回復が目的であり、制裁及び一般予防を目的とした賠償を命ずることはできないとし、㋒不法行為が「人種差別」行為に該当するときは、人種差別撤廃条約の趣旨より当該行為の悪質性が基礎付けられ、そのことが無形損害を大きくする、と説明している。

両裁判所とも認定した損害額に違いはないものの、京都地裁判決は、人種差別撤廃条約が裁判所に直接義務を負わせる規定であると理解した結果として、高額の賠償を認めているのに対して、高裁判決は、人種差別撤廃条約が裁判所に直接義務を負わせるものであるか否かの判断を回避しつつ、「人種差別」行為であれば行為の悪質性が高まり、その結果として高額賠償が認められる、と理論づけているわけである。

たしかに、日本の不法行為の損害賠償制度は、懲罰的賠償を認めていないことから、解釈論としては大阪高裁の理論構成をとらざるを得ない面があるとしても、京都地裁判決は、人種差別撤廃条約下における日本の裁判所の責務を正面から捉えたという点で評価に値すると言えよう。

なお、大阪高裁の上記理論構成は、その後のヘイトスピーチ裁判で「人種差別」が認定された場合に、裁判所によって同じ理論構成が採用されている。

エ　示威活動等の差止めを認めたこと

（ア）本件学校の移転統合先の学校におけるYらによる示威活動等の差止請求につき、京都地裁も大阪高裁も、Yらに対し、以下の行為を禁止する判決を下した。

Yらは、自ら左記の行為をしてはならず、かつ、在特会の所属会員や支援者等の第三者をして左記の行為を行わせてはならない。

記

(1)　本件学校に赴いて、本件学校法人の代表者、本件学校法人が雇用する教職員及び本件学校に通

学する児童並びにその他本件学校法人の関係者への面談を強要する行為

(2)　本件学校の北門門扉の中心地点を基点として、半径二〇〇メートルの範囲内における次の行為

①　拡声器を使用し、又は大声を上げるなどして、本件学校法人を非難、誹謗中傷するなどの演説をしたり、複数人で一斉に主義主張を大声で唱えること（いわゆる「シュプレヒコール」）

②　本件学校法人を非難、誹謗中傷する内容のビラの配布

③　本件学校法人を非難、誹謗中傷する内容の文言を記載した旗や幟を上げての佇立又は徘徊

(イ)　大阪高裁は、その判断理由で、①本件学校法人にも、その名誉を保持し、本件学校における教育業務として在日朝鮮人の民族教育を行う利益を有する、②他方、Yらの本件活動は、本件学校法人の本件学校における教育業務を妨害し、学校法人としての名誉を著しく損なうものであって、憲法一三条にいう「公共の福祉」に反しており、表現の自由の濫用であって、法的保護に値しないといわざるを得ない、③Yらの本件活動後の行動を見ると、本件示威活動と同様の業務妨害及び名誉毀損がされる具体的なおそれが認められる、と述べている。

(ウ)　本件でのYらの行動は、本件学校法人に対して向けられた言動であることは明白であり、Yらの行動によって本件学校法人の「名誉」「業務」が侵害される、と捉えることが容易であった。この点が、後述の、川崎市へイトデモ禁止仮処分事件、大阪市鶴橋へイトデモ禁止仮処分事件と異なる。

本事件の判決で禁止が命じられた行為の内容は、これら仮処分事件によって禁止が命じられた行為よりも広範であるが、この点は、Yらの行動が、直接、本件学校法人の「名誉」「業務」に対する侵

害に向けられたものであったこととの関連で捉えることが可能であろう。

なお、行為が禁止されるエリアが、半径二〇〇メートルの範囲内というのは、右記二件の仮処分事件よりも狭いが、この点は、京都朝鮮学校襲撃事件判決後の実務の成果として、禁止エリアが広げられていったと捉えるべきであろう。

2　徳島県教組襲撃事件

A　事案

日教組が実施する「子供支援カンパ」事業に関連して、徳島県教組（以下、「原告組合」という。）が、連合を通じて、四国朝鮮学校に対して一五〇万円を寄付したことについて、在特会の会員及びその活動に賛同する者ら一〇名（以下、個人被告ら）が、二〇一〇年四月一四日、原告組合の事務所及び同事務所が入居する建物前の路上において、拡声器等を用いて、原告組合及び当時同組合の書記長であった女性（以下、「原告組合書記長」という。）に対する抗議活動を行い（本件抗議活動①）、その抗議活動の様子を収録した動画をインターネットを通じて公開し、当該動画を複製・保存したDVDを販売した（動画の公開、販売を含めて、「本件抗議活動①等」という。）。

さらに、同月二八日、上記一〇名のうち八名が、徳島県庁前の路上において、拡声器等を用いて、原告らに対する抗議活動を行い（本件抗議活動②）、その動画をインターネットを通じて公開した（動画の公開を含めて、「本件抗議活動②等」という。）。

本件抗議活動①等について、原告組合は、業務が妨害されたとして、個人被告ら及び在特会に対して損害賠償請求を行い（個人被告らに対しては民法七〇九条及び七一九条を根拠に、在特会に対しては民法七一五条を根拠に）、原告組合書記長は、精神的損害を受けたとして、個人被告ら及び在特会に対して損害賠償請求を行った（法律上の根拠については原告組合と同じ）。

また、本件抗議活動②等について、原告組合書記長は、精神的損害を受けたとして、個人被告ら及び被告在特会に対して損害賠償請求を行った（法律上の根拠については右記と同じ）。

一審徳島地裁によれば、以下の事実が認定されている。

〈本件抗議活動①等〉

被告在特会は、本件抗議活動①等に先立ち、そのホームページ及びブログで、原告組合に対する抗議活動を行うことの告知及び参加者の募集を内容とする記事を掲載した。

抗議活動当日、個人被告らは、当初、建物前路上で抗議活動を行ったが、その後、原告組合事務所に侵入し、同事務所内で原告組合の業務に従事していた原告組合書記長を取り囲み、同人に対し、拡声器等を用い、横断幕や日章旗をかざすなどして、「朝鮮の犬」、「売国奴」、「詐欺師」、「募金詐欺」、「拉致被害者を返せ」、「日本から出ていけ。ばばあ」、「非国民こら、腹切れお前、腹」、「日教組を日本から叩き出せ」、「こらお前、ちょめちょめするぞ」などと繰り返し怒号し、罵声を浴びせるとともにシュプレヒコールを行うなどした。その中で、また、被告らのうち一名は、原告組合書記長に対し、その肩をつく暴行を行った。他の一名は、「あんた○○（原告組合書記長の実名）でしょ」「○○」などと原告組合書記長の氏名を連呼した。

右記の罵倒の中、原告組合書記長は警察に電話をかけたが、被告らのうち一名が「人と話をする時ぐらいは電話を置け、置けや」などと怒号しつつ、その腕や手を掴むなどして受話器を取り上げるなどの行動に出た（これにより原告組合書記長は、全治五日間を要する右前腕擦過傷の傷害を負った）。その他の個人被告ら数名も、原告組合書記長が再度警察へ電話して通報しようとする行為を妨害する行動に出た。

個人被告らの一部は、原告組合書記長の書類を取り上げようとし、これに机に覆いかぶさるようにして抵抗した原告組合書記長に対し、「覚せい剤見つかったから、焦っとんぞ」などと怒号した。

建物侵入から約五分後、警察官が、原告組合事務所に臨場し、被告らに対して拡声器を使用した怒号を中止するよう指示したが、被告らはこれに従わず、怒号等を継続した。

警察官の臨場から約八分後、被告らは原告組合事務所から退去し、再び、建物前路上で、拡声器等を用いて抗議活動を行った。その際、個人被告らは「なるとの渦潮に沈んでしまえ。海の藻屑と消えろ」、「また来るぞ」、「毎日来るぞ」などと怒号し、シュプレヒコールを行うなどした。

なお、前述一〇名のうち八名は、本件抗議活動①について、建造物侵入罪及び威力業務妨害罪で有罪判決を受けている。


〈本件抗議活動②等〉

本件抗議活動②では、徳島県庁前の路上において、拡声器等を用いて、被告のうち一名が「腹を切れ」と叫び、他の者がこれに呼応してシュプレヒコールを行ったほか、被告らの一部が、「○○（原告組合書記長の実名）の家に街宣かけないかんな」、「○○、覚悟しとけよ」、「○○の家に行くぞ」、「今から○○の家を探しに行くぞ」などと叫んだ。

B　判決の結論

〈徳島地裁二〇一五年三月二七日判決〉

徳島地裁二〇一五年三月二七日判決は、本件抗議活動①等について、個人被告らの（共同）不法行為の成立、被告在特会の使用者責任（民法七一五条）の成立を認めたが、本件抗議活動②等については、原告組合書記長に対して直接向けられたものではない、などの理由で、個人被告らの不法行為の成立を認めなかった。そのうえで、原告組合の業務妨害による損害（無形損害）については、現実の損害塡補という損害賠償制度の原則を重視し、三〇万円との認定にとどまった（その他、防犯設備費用三三万六〇〇〇円、弁護士費用三万円と合わせて認容損害額の合計は、六六万六〇〇〇円）。他方、原告組合書記長の精神的損害については、一五〇万円の慰謝料を認めた（その他、弁護士費用を含めて、認容損害額は、合計一六五万円）。

これに対して、原告ら及び被告らが双方控訴。

〈高松高裁二〇一六年四月五日判決〉

高松高裁二〇一六年四月五日判決は、被告らが本件各抗議活動等やその映像をインターネット上に公開する行為は、被告らが差別の対象とする在日朝鮮人を支援する者は被告らから攻撃を受け、様々な被害を蒙るということを広く知らしめ、その支援活動に委縮効果をもたらすことを目的としたものである、と認定し、被告らの行為を人種差別撤廃条約上の「人種差別」に該当すると認定した。さらに、被告らの発言が、女性の尊厳を著しく傷つける侮辱的発言であり、性的暴行を示唆するような脅迫行為であるとして、その違法性は高い、と認定した。

高松高裁は、控訴審に至って、連合が四国朝鮮学校への支援金一五〇万円を助成したことについては、手続、カンパ活動の趣旨や支援の目的等に照らしても、全く問題ないことを認定し、さらに、本件各抗議行動の状況や原告組合書記長の精神的損害に関連する事情を詳細に検討したうえで、原告組合書記長との関係において、本件抗議活動①等のみならず、本件抗議活動②等についても、原告組合書記長の私生活上の平穏・人格権を侵害し、名誉を毀損するものとして不法行為の成立を認めた。高裁は、被告らの行為と原告組合書記長の外傷後ストレス障害との因果関係も認め、原告組合書記長の損害については、精神的損害に対する慰謝料を三〇〇万円と認定し、一審判決の認定額から倍増させた（その他、治療関係費三万二五〇円、弁護士費用三〇万円と合わせて、認容された損害額の合計は、三三三万二五〇円）。

他方、原告組合については、業務妨害のみならず、名誉毀損をも認め、損害について、本件抗議活動①等による原告組合の無形損害を六〇万円と認定し、ここでも一審判決の認定額から倍増させた（その他、防犯設備費用三三万六〇〇〇円、弁護士費用一〇万円と合わせて、認容された損害の合計額は、一〇三万六〇〇〇円）。

〈最高裁第三小法廷二〇一六年一一月一日〉

在特会及び個人被告らは、最高裁に上告したが、最高裁は上告を受理せず、高松高裁の判決が確定している。

C　コメント

ア　在特会メンバーによる京都朝鮮学校事件に引き続く襲撃事件

在特会の主要メンバーは、京都朝鮮学校襲撃事件を起こした二〇〇九年一二月四日に引き続き、二〇一〇年四月一四日に本件事件を起こした。

京都朝鮮学校襲撃事件の項でも述べたとおり、個人被告の一部は、本件事件で、建造物侵入及び業務妨害の嫌疑で起訴され、京都朝鮮学校事件の刑事事件と併合審理のうえ、有罪判決を受けている。

イ　支援者に対する襲撃についても「人種差別」に該当すると認定

京都朝鮮学校襲撃事件との比較の観点から言えば、京都朝鮮学校襲撃事件は、在特会らが差別の対象としている在日朝鮮人に対する直接の襲撃であるのに対して、本件は、在日朝鮮人に対して支援を行った者に対する襲撃である点で異なっている。本件は、在特会メンバーらが、在日朝鮮人を支援する者を攻撃の対象とし、その支援活動に委縮効果をもたらすことを目的とした行為が、民事損害賠償責任を認定するうえで、どのような評価をされるか、が問題となった。

第一審で、原告らは原告組合活動の要保護性や本件抗議活動①等の悪質性等を考慮して無形損害を算定すべきと主張したが、徳島地裁は、このような原告の主張を容れず、業務妨害による無形損害は、現実の損害塡補が原則であるとの建前を堅持し、京都朝鮮学校事件のような高額の無形損害は認めなかった。

他方、高松高裁は、「第一審被告らの本件各示威行動等やその映像をインターネット上に公開する行為は、（中略）第一審被告らが差別の対象とする在日朝鮮人らを支援する者は第一審被告らから攻撃を受け、様々な被害を蒙るということを広く知らしめ、その支援活動に委縮効果をもたらすことを目的としたものであり、（中略）その目的に沿う効果があったことは容易に推認できるところであり、人種差別撤廃条約一条に定義する、少数者の『平等な立場での人権及び基本的自由を認識し、享有し又は行使することを妨げ又は害する目的又は効果を有するもの』に該当し、強い非難に値し、違法性の強いものというべきである。」と判示し、支援活動を委縮させる目的で在日朝鮮人に対する支援者を対象とした攻撃も、人種差別撤廃条約上の「人種差別」に該当すると判示した。

ウ　「人種差別」に該当する場合の損害賠償法理の中の位置づけ

不法行為が同時に「人種差別」に当たる場合、私人間の民事損害賠償の認定にあたりいかなる評価をするかについて、高松高裁は、京都朝鮮学校事件の大阪高裁判決と、同様の理解を示している。即ち、本件事件の高裁判決は、「人種差別撤廃条約は、（中略）もっぱら公権力と個人との関係を規律するものであり、私人相互の関係を直接規律することを予定するものではない。即ち、人種差別を撤廃すべきものとする人種差別撤廃条約の趣旨は、条約が「人種差別」として禁止し終了させる措置を求める行為の悪質性を基礎づけることになり、当該不法行為の違法性、非難可能性の程度を評価するにあたって十分に考慮しなければならない。」と判示している。

原告組合の無形損害の認定額が、控訴審で倍増した点について（原審三〇万円、控訴審六〇万円）、一審では業務妨害による損害のみが認定されたのに対し、控訴審では、本件各抗議行動の状況や経過が原審に比べ詳細に認定されたこと、業務妨害のみならず原告組合の名誉毀損も被侵害利益に含まれたことのほか、被告らの行為が「人種差別」に該当する、との認定が加わったこと、が関係しているものと思われる。

3　李信恵氏対在特会等事件

A　事案

在日朝鮮人のフリーライターである李信恵《リ・シネ》氏が、当時の在特会の代表者（以下、元代表者）が、二〇一三年三月から二〇一四年七月に行ったインターネット上の生中継動画配信サービス（ニコニコ生放送）で行った発言、二〇一三年五月五日の神戸市内三宮駅付近で行った街宣活動での発言、二〇一三年一月から二〇一四年七月にかけて行ったツイッターでの発言が、李信恵氏の記者としての資質や容姿等に関し名誉毀損及び侮辱並びに強迫及び業務妨害に当たると主張して、元代表者と在特会を被告として大阪地方裁判所に訴訟を提起し、両者に損害賠償を求めた。

これに対し、在特会及び元代表者は、原告のツイッターでの発言が両者に対する名誉毀損及び侮辱に当るなどと主張して、反訴を提起し、李信恵氏に損害賠償を求めた。

B　判決の結論

大阪地方裁判所二〇一六年九月二七日判決は、元代表者による、李信恵氏が虚偽の事実を垂れ流しているという表現は名誉毀損として、三宮付近での街宣活動で行われた発言（「みなさん、ここにいる朝鮮人のババアね、反日記者でしてね。」、「日本が嫌いで嫌いで仕方ないババアは、そのピンク色のババアです。」、「このピンクのババアのおかげで。」、「プデチゲみたいな顔をこしてこっち睨むんじゃないよ。」などの発言）は侮辱として、それぞれ不法行為を構成するとし（その余の発言は、いずれも不法行為が成立しないと認定）、他方、在特会と元代表者が主張する李信恵氏の各発言は、いずれも名誉毀損にも侮辱にも該当しないとして、不法行為の成立を認めなかった。その結果、元代表者と在特会に対し、慰謝料七〇万円、弁護士費用七万円、合計七七万円の損害賠償を支払うことを命じた。

これに対して双方が控訴。

大阪高裁二〇一七年六月一九日判決は、双方の控訴を棄却し、原審の判決を維持した。

在特会と元代表者は、高裁判決を不服として最高裁に上告したが、最高裁は、二〇一七年一一月二九日、上告を受理しない決定をし、第一審の判決が確定した。

C　コメント

ア　ヘイトスピーチの標的となった個人が損害賠償を求めた事例

京都朝鮮学校襲撃事件では学校法人が、徳島県教組襲撃事件では労働組合（権能なき社団）がヘイトスピーチの標的となった事例であったが、本件は、個人がヘイトスピーチの標的となった事件である。

もっとも、本件は、京都朝鮮学校襲撃事件や徳島県教組襲撃事件のような、有形力の行使を伴った「襲撃」の事例ではない。差別意識のもと、在日コリアンである個人を口汚く罵り、揶揄する発言（スピーチ）の違法性が問題とされた事例である。

また本件は、京都朝鮮学校襲撃事件や徳島県教組襲撃事件と同様、被害者の特定に困難を伴う事案ではなかった。

特定の個人がヘイトスピーチの標的となった場合において、名誉毀損、侮辱、業務妨害等を主張して損害回復を求めていくにあたり、先例としての価値を有する。

イ　損害額の認定における考慮要素

①人種差別撤廃条約の趣旨を考慮

本件で、元代表者の表現が「人種差別」に該当するか否かは、損害論において主張がなされた。大阪地裁は、元代表者の発言が人種差別撤廃条約の趣旨に反すると認定し、この点を損害額の算定の要素として考慮する、と判示した。すなわち、「被告元代表者による上記不法行為（名誉毀損及び侮辱）を構成する各発言も、その発言内容や経緯に照らせば、原告を含む在日朝鮮人を我が国の社会から排斥すべきであるといった被告らの独自の見解に基づき、在日朝鮮人に対する差別を助長し増幅させることを意図して行われるものであることが明らかである。人種差別を撤廃すべきとする人種差別撤廃条約の趣旨及び内容（人種差別撤廃条約二条一項柱書、六条）に照らせば、被告元代表者の上記不法行為（名誉毀損及び侮辱）が上記のような同条約の趣旨に反する意図を持って行われたものである点も、慰謝料額の算定において考慮されなければならない。」と判示している。同判示部分は、高裁においても維持されている。

②女性差別との複合差別

大阪高裁は、損害額の算定の要素として、女性差別との複合差別に当たることを判決理由に付加している。すなわち、「上記不法行為（名誉毀損及び侮辱）が一審原告に対して一審原告が女性であることに着目し、その容姿等に関して貶める表現を用いて行われており、女性差別との複合差別に当たる」と判示している。

慰謝料七〇万円という金額の高低については評価が分かれるかもしれないが、在特会側が、損害額に関して控訴審で新たに加えた主張に、「インターネット上での侮辱や名誉毀損の慰謝料の金額については、新聞や雑誌といった紙媒体のものに比べ、約一〇分の一以下の金額に抑えられており、深刻な名誉毀損でも三〇万円以上の慰謝料が認められるケースは稀である」という主張がある。大阪高裁は、在特会側の上記反論にかかわらず、原審が認定した慰謝料七〇万円を維持している。大阪高裁は、人種差別と女性差別との複合差別であることをとらえて、単なる名誉毀損や侮辱よりも高額な賠償責任を課したものと評価することも可能であると思われる。

4　李信恵氏対保守速報事件

A　事案

李信恵氏が、「保守速報」と題するインターネット上のブログ運営者が、李信恵氏に関する投稿の内容をまとめたブログ記事を掲載したことは、名誉毀損、侮辱、人種差別、女性差別、いじめ、脅迫及び業務妨害に当たる、と主張して、当該ブログ運営者に対して、慰謝料及び弁護士費用の損害賠償を請求した。

B　判決の結論

第一審の大阪地方裁判所（平成二九年一一月一六日判決）は、上記のブログ記事の掲載が、李信恵氏に対する名誉毀損、侮辱、人種差別、女性差別に当たるとして、ブログ運営者に対して、二〇〇万円の支払いを認める判決を言い渡した（内訳：慰謝料一八〇万円、弁護士費用二〇万円）。

これに対して、ブログ運営者側が控訴。李信恵氏も附帯控訴。

控訴審の大阪高等裁判所（平成三〇年六月二八日判決）は、第一審の判決を維持し、ブログ運営者側の控訴及び李信恵氏側の附帯控訴を棄却した。

これに対して、ブログ運営者側が上告。

最高裁は、上告を受理しない決定をし（最高裁第三小法廷平成三〇年一二月一一日決定）、第一審の判決が確定した。

C　コメント

ア　まとめ記事について、引用元とは異なる新たな不法行為が成立することを認めたこと

本件で問題とされた保守速報のブログ記事は、「2ちゃんねる」というサイトのスレッドを引用し

て作成されたものである。ブログ運営者側は、「保守速報は2ちゃんねるの情報のまとめサイトであり、本件各ブログ記事は2ちゃんねるの記載内容以上の情報を伝えるものではない」などして、名誉毀損等の成立を争っていた。

しかし、大阪地裁は、保守速報のブログ記事が、①表題を、原告（李信恵氏）に対する人種差別に当たる用語や原告を揶揄する趣旨の文言を追加して作成している点、②引用する2ちゃんねるのスレッド等について、全体の情報量を減らしたり、レス又は返答ツイートの順番を並べ替えたり、表記文字を拡大したり色付けするなどの加工を行って強調したりしている点を考慮して、保守速報のブログ記事は、「引用元の投稿を閲覧する場合と比較すると、記載内容を容易に、かつ効果的に把握することができる」ようにしており、「引用元の2ちゃんねるのスレッド等とは異なる、新たな意味合いを有するに至った」と判示して、まとめ記事についても、引用元とは別個の新たな、名誉毀損、侮辱、人種差別、女性差別に該当することを認めた（大阪高裁も当該認定を維持）。

現在も、ネット上には、他人を誹謗中傷する内容の記事をまとめて掲載する、まとめサイトが多数存在するが、これらまとめサイトの責任を追及するうえで先例としての価値を有する。

イ　「人種差別」に該当すると認定

大阪地裁は、保守速報のブログ記事が、表題又はレスに朝鮮人・韓国人に対する差別用語であるトンスル又は火病という言葉を用い、これと原告とを結びつける趣旨の記載をしていること、原告の通称名を示唆した上で原告が在日朝鮮人であるがゆえに通名を使用していることなどを揶揄していること、を挙げて、これらのブログ記事は、原告が在日朝鮮人であることを理由に原告を著しく侮辱するもの、と認定した。

また、本件ブログ記事の表現が、攻撃的な表現を用いて、原告に日本を去って韓国又は北朝鮮に帰れなどと求めるもの、として、このような表現は、原告が在日朝鮮人であることを理由に原告を日本の地域社会から排除することを煽動するもの、と認定した。

そして、これらのブログ記事は、在日朝鮮人であることを理由に原告を侮辱し、日本の地域社会から排除することを煽動するものであって、憲法一四条一項、差別的言動解消法及び人種差別撤廃条約の趣旨及び内容（差別的言動解消法一条及び二条、人種差別撤廃条約一条一項、二条一項柱書及び六条）に反する「人種差別」に当たる内容を含むもの、と認定し、当該人種差別表現が、名誉毀損、侮辱と並んで、不法行為として、原告の人格権を違法に侵害したものと、認めた。

なお、大阪高裁は、大阪地裁の上記認定を維持しつつ、「このような人種差別は、控訴人の侮辱行為の悪質性を基礎づける。」との文言を判決理由に加えて、不法行為訴訟における「人種差別」の理論上の位置づけを明確にしている。すなわち、大阪高裁は、京都朝鮮学校襲撃事件における大阪高裁判決の理論構成を承継して、「侮辱」によって不法行為が成立することを前提に、当該行為が同時に「人種差別」に当たる場合は、当該行為の悪質性が基礎づけられる、と理論立てしているものである。

ウ　人種差別と女性差別の複合差別を認定

大阪地裁は、保守速報のブログ記事には、「クソアマ」、「ババア」、「ブス」、「ブサイク」などの表現があり、これらは、原告が女性であることに着目した表現であって、原告が女性であることを理由に、原告の性別、年齢、容姿等をことさら侮辱するものであって、女性差別にあたる内容を含むもの、と認定し、当該女性差別表現が、名誉毀損、侮辱、人種差別と並んで、不法行為として、原告の人格権を違法に侵害していると認めた。そのうえで、損害の認定にあたって、「複合差別に根差した表現が繰り返された点も考慮すべき」などとして、右掲のとおり、一八〇万円の慰謝料を認めた。

さらに大阪高裁判決では、大阪地裁の右記認定を維持しつつ、人種差別の場合と同様、「このような女性差別は、控訴人の侮辱行為の悪質性を基礎づける。」との文言を判決理由に加えている。

人種差別と同様、女性差別についても、不法行為の悪質性を基礎づける事情として考慮する、との位置づけが明らかにされたものである。

5　川崎市ヘイトデモ禁止仮処分事件

A　事案

川崎市臨海部、特に川崎区桜本地区は、広く知られた在日コリアンの集住地域である。中立人（債権者）X社会福祉法人（以下、「X」という。）は、桜本地区に事務所を置き、当該事務所の半径五〇〇メートルの円内に位置する九カ所の拠点で、保育所、児童館、高齢者・障がい者交流施設、通所介護施設等の施設を運営している。

被申立人（債務者）Yは、市民右派団体に参画する活動家であり、二〇一三年五月から二〇一六年一月にかけて、計一二回にわたり、川崎市内で在日コリアンの排斥を訴えるデモを主催し、又はその中心メンバーとして参加した。

その中でも、二〇一五年一一月八日及び二〇一六年一月三一日に行われたYが主催したデモは、それぞれ、「川崎発！　日本浄化デモ」「川崎発！　日本浄化デモ第二弾！」などと銘打ち、桜本地区を含む川崎市臨海部方面に進行する計画であったところ、抗議する地域住民等が集まり、デモ隊の前に立ち塞がったことなどにより、ルートが変更され、デモ隊が桜本地区内の在日コリアンの集住地域にまで進行することはなかった。

右記のデモの際、Yないしデモへの参加者は、在日コリアンを対象として、「在日は大嘘つき」、「帰れ、半島へ」などと記載したプラカードを掲げ、また、「帰ればいいんだよ、おまえら。一匹残らずたたき出してやるからよ、日本からよ。」、「朝鮮人をたたき出せ。」、「川崎に住むごみ、ウジ虫、ダニを駆逐するデモを行うことになりました。」、「半島に帰れ。」、「韓国、北朝鮮は我が国にとって敵国だ。その敵国人に対して死ね、殺せというのは当たり前だ。ゴキブリ朝鮮人は出て行け。」、「桜本は日本なんだ。日本人がデモをやっても問題ねえんだ。これから、存分に発狂するまで焦ればいい。じわじわ真綿で首を絞めてやるからよ。一人残らず日本から出てくまでな。」などの文言を発した。このデモは、ワゴン車のスピーカーや拡声器を用いるなどして、騒々しく行われた。

Yが、ホームページにて「六月五日【午前】に川崎発！日本浄化デモ第三弾！を実施します。」、「反日汚染の酷いからこそ（ママ）【川崎を攻撃拠点】に、自国を貶め、嘘、捏造を垂れ流す日本の敵を駆逐しましょう。」などと掲載し、債務者が二〇一六年六月五日に実施する予定のデモへの参加や運動への賛同を呼び掛けた。Xは、このようなヘイトデモの禁止を求めて同年五月三〇日受付の本件申立てをした。

なお、審尋期日にYは出廷しなかった。

B　判示事項

二〇一六年五月二四日に成立したヘイトスピーチ解消法の施行日の前日である二〇一六年六月二日、横浜地裁川崎支部は、Yに対し、以下の行為を禁ずる仮処分決定を出し、全国的に広く報道された。

Yは、Xに対し、自ら左記の行為をしてはならず、又は第三者をして同行為を行わせてはならない。

記

Xの主たる事務所の入り口から半径五〇〇メートル以内をデモしたり、はいかいしたりし、その際に街宣車やスピーカーを使用したりあるいは大声を張り上げたりして、「死ね、殺せ。」、「半島に帰れ。」、「一匹残らずたたき出してやる。」、「真綿で首絞めてやる。」、「ゴキブリ朝鮮人は出て行け。」等の文言を用いて、在日韓国・朝鮮人及びその子孫らに対する差別的意識を助長し又は誘発する目的で公然とその生命、身体、名誉若しくは財産に危害を加える旨を告知し、又は名誉を毀損し、若しくは著しく侮辱するなどし、もって債権者の事業を妨害する一切の行為。

C　コメント

ア　本件事案の特殊性——特定の個人または団体を対象としないヘイトスピーチを伴うデモの差止め

本件は、特定の個人または法人・団体を対象としないヘイトスピーチが問題となっている点で、京都朝鮮学校襲撃事件とは異なる。京都朝鮮学校襲撃事件では、学校の南門やその向いの公園での言動が問題となっていたため、これが同学校を運営する学校法人に対して向けられた言動であることは明白であった。川崎市の事例では、Yが主催する前二回のデモで「朝鮮人をたたき出せ。」などの発言がされているが、これは不特定の在日コリアンに向けられたものであって、直接にXに対して向けられたものではない。

本件は、特定の個人や法人・団体を対象とせず、不特定の在日コリアンに対するヘイトスピーチが問題になった事案において、ヘイトデモの事前差止めを認めた先例として重要な意義を有する。

イ　被侵害権利・利益：「住居における平穏な生活」

Xの被侵害権利・利益は何かという問題に対して、川崎支部は、「平穏な生活」、しかも、「住居における平穏な生活」を被侵害権利・利益としている。

すなわち、川崎支部は、「何人も、生活の基盤としての住居において平穏に生活して人格を形成しつつ、自由に活動することによって、その品性、徳行、名声、信用等の人格的価値について社会から評価を獲得するのであり、これらの住居において平穏に生活する権利、自由に活動する権利、名誉、信用を保有する権利は、憲法一三条に由来する人格権として、強く保護され」ると判示して、「住居において平穏に生活する権利」を、「自由に活動する権利」および「名誉、信用を保有する権利」と一連の権利として把握し、これが憲法一三条に由来する人格権ととらえている。

川崎支部が、単に「平穏な生活」とせず、「住居における」平穏な生活、としたのは、「住居」を付加することによって、保護の外延を明確にし、差止請求の根拠となる権利性の堅固な「人格権」と評価するための理論づけを試みたもの、と評されている（判例タイムズ一四二八号九〇頁）。

川崎支部は、「住居において平穏に生活する人格権」に基づいて、法人にも妨害予防請求権が認められるかに関し、法人も自然人と同様、「平穏かつ自由にその目的とする事業を行うことによって、その名声、信用等の人格的価値について社会から評価を獲得するのであり」、法人も「これらの事業所において平穏に事業を行う権利、自由に事業の活動をする権利、名誉、信用を保有する権利」を「憲法一三条に由来する人格権」として保有するとし、法人が、その人格権に基づき妨害予防請求権として、その差別的言動の事前の差止めを求める権利を有するか否かは、法人の定款の定める目的及び事業内容・活動実績や、その役員及び従業員・職員並びにその事業の顧客ないし施設利用者の各構成において上記の本邦外出身者の占める割合」などを考慮して判断する、とした。

本件では、Xの事業所やXが運営する各施設の近隣において、これらの者を対象として、解消法が定める不当な差別的言動に該当することが明らかな言動等が行われれば、Xの役員、職員及び施設利用者のうちの在日韓国・朝鮮人の個人の尊厳をないがしろにし、耐え難い苦痛を与え、ひいては、Xの職員の業務に従事する士気の著しい低下や、債権者の施設利用者による利用の回避・躊躇を招くことを容易に推測することができる。」と判示して、Xの差し止め請求権を肯定している。

このように、川崎支部は、法人に「住居において平穏に生活する人格権」に基づく妨害予防請求権が認められるかは、①定款の定める目的、②事業内容・活動実績、③役員及び従業員・職員並びにその事業の顧客ないし施設利用者の各構成において上記の本邦外出身者の占める割合などを考慮して判断することを示した。

川崎支部が、ヘイトデモの事前差止を認めた範囲は、Xの主たる事務所の入り口から半径五〇〇メートル以内の範囲であるところ、これは、被侵害権利・利益を「住居（事業所）において」平穏に生活（事業）をする権利と設定し、Xの事業所が、その関連施設を含んで主たる事務所の半径五〇〇メートルの円内に位置するからである。この点が、後述する大阪市鶴橋ヘイトデモ禁止仮処分事件とは異なるところである。

ウ　ヘイトデモを差し止めることができる要件

川崎支部は、いかなる場合に、「住居における平穏な生活」という人格権に基づく妨害排除・予防請求権として、ヘイトデモを差し止めることができると判示しているか。以下、決定の内容を検討する。

（ア）差し止めの対象：解消法上の「不当な差別的言動」

前述のとおり、本件の仮処分決定が出された日の翌日である二〇一六年六月三日に、ヘイトスピーチ解消法が施行された。同法の成立は、川崎支部の本決定に大きく影響している。

すなわち、川崎支部の決定主文で禁止が命じられた行為の内容は、ヘイトスピーチ解消法の、「本邦外出身者に対する不当な差別的言動」*1で定義されるところに大部分依っている。決定理由で触れられる侵害行為の内容も、ほぼ、この「不当な差別的言動」である。

国内法であるヘイトスピーチ解消法において、解消されるべき対象として、「本邦外出身者に対する不当な差別的言動」が規定されたがゆえに、裁判所もこれに依拠しやすかったものと思われる。

（イ）「住居において平穏に生活する人格権を侵害する程度が顕著な場合」であること

川崎支部は、「住居において平穏に生活する人格権」に基づく妨害排除請求権が発生するための要件として、単に解消法上の「不当な差別的言動」が行われることでは足りず、「住居において平穏に生活する人格権を侵害する程度が顕著な場合」であることが必要であるとしている。

この「住居において平穏に生活する人格権を侵害する程度が顕著な場合」に該当するための要件として、川崎支部は、以下の要素を上げている。

①故意または重過失

権利侵害者が、当該権利者（在日コリアンなどの本邦外出身者）が近隣の住居において平穏に生活していることについて知っている（故意）または知らないことに重過失があることである。

不法行為における「相関関係説」では、「故意または重過失」は、「侵害行為の態様」を基礎付ける

＊1　ヘイトスピーチ解消法は、解消されるべき対象として、「本邦外出身者に対する不当な差別的言動」を定め、その定義を「専ら本邦の域外にある国若しくは地域の出身である者又はその子孫であって適法に居住するもの（「本邦外出身者」）に対する差別的意識を助長し又は誘発する目的で公然とその生命、身体、泊由、名誉若しくは財産に危害を加える旨を告知し又は本邦外出身者を著しく侮蔑するなど、本邦の域外にある国又は地域の出身であることを理由として、本邦外出身者を地域社会から排除することを煽動する不当な差別的言動」としている。同法は、国民に対して、本邦外出身者に対する不当な差別的言動の解消の必要性に対する理解を深め、本邦外出身者に対する不当な差別的言動のない社会の実現に寄与するよう努めることを求め（同法三条）、国及び地方公共団体に対して、本邦外出身者に対する不当な差別的言動の解消に向けた取組に関する施策を実施することを義務付けている（同法四条）。

要素として考慮されるところ、故意または重過失は概括的なものでよいとされ（判例タイムズ前掲書九四頁）、ヘイトデモが桜本地区や鶴橋のような在日コリアンの集住地域として広く知られている場所で行われる場合は、故意または重過失が容易に認められる、とされる。また、行為差止の仮処分事件の手続きには審尋が必要であるから、侵害者に申立書及び疎明資料が送付され、審尋期日の呼び出しがあることによって、当該権利者が近隣の住居で平穏に生活している事実については認識しえるようになる、と思われる。

②デモ若しくははいかい、街宣車、スピーカー使用若しくは大声

次に、単に発言によって「不当な差別的言動」が行われる場合ではなく、住居の近隣において、㋐デモをし、あるいははいかいし、かつ、㋑街宣車やスピーカーを使用し、あるいは大声を張り上げるような態様であることが必要とされる。このような態様で「不当な差別的言動」が行われる場合は、「侵害の程度」が著しく、違法性が顕著である、としている。

（ウ）事後的な権利の回復は著しく困難であること

川崎支部は、さらに、人格権の侵害に対する事後的な権利の回復は著しく困難であることが必要であるとしている。

もっとも、「不当な差別的言動」が前述（イ）の態様で行われる場合は、違法性が顕著であり、人格権の侵害に対する事後的な権利の回復は著しく困難であると認められよう。

川崎支部も、「その被侵害権利である人格権は、憲法及び法律によって保障されて保護される強固な権利であり、他方、その侵害行為である差別的言動は、上記のとおり、故意又は重大な過失によっ

て人格権を侵害するものであり、かつ、専ら本邦外出身者に対する差別的意識を助長し又は誘発する目的で、公然とその生命、身体、自由、名誉若しくは財産に危害を加える旨を告知し、又は本邦外出身者の名誉を毀損し、若しくは著しく侮辱するものであることに加え、街宣車やスピーカーの使用等の上記の行為の態様も併せて考慮すれば、その違法性は顕著であるといえるものであり、もはや憲法の定める集会や表現の自由の保障の範囲外であることは明らかであって、私法上も権利の濫用といえるものである。これらのことに加え、この人格権の侵害に対する事後的な権利の回復は著しく困難であることを考慮すると、その事前の差止めは許容されると解するのが相当であり、人格権に基づく妨害予防請求権も肯定される。」と判示している。

(エ)「権利侵害のおそれ」

人格権に基づく事前差止が認められるためには、「権利侵害のおそれ」が認められることが必要である。

この点、川崎支部は、過去のデモの内容や、ホームページへの予告文の掲載から、過去と同様のヘイトデモが行われる高い蓋然性が認められる、として「権利侵害のおそれ」を認定している。

エ　まとめ

以上のとおり、川崎支部は、デモ主催者が、決して特定の個人・法人を標的としたヘイトスピーチを行うわけではない場合であっても、デモ予定地が在日コリアンの集住地域であり、過去のデモの内容から、今回予定されているデモについても、街宣車やスピーカーを使用し、大声を張り上げるような態様で「不当な差別的言動」を行うことが具体的に予見されるような場合については、当該集住地域に居住する在日コリアン又は当該集住地区に拠点を置く在日コリアンで構成される団体に、デモの差止めを認める判断を下した。

短い審理期間の中で、従来の人格権に基づく差し止め請求との整合を図りつつ、不特定の在日コリアンに向けられたヘイトスピーチ・デモであっても、集住地域においては差し止めが認められる場合があることを判示した点において、評価に値する。

もっとも、①被保全権利は、住居において平穏に生活する人格権と捉える以外ないのか（住居・事務所以外の場所での差し止めは認められなくなる）、②被保全権利を、住居において平穏に生活する人格権と捉えたとしても、住居・事務所周辺における日常の活動領域はどこまで保護領域に含めることができるのか、③街宣車やスピーカーを使用せず、大声を張り上げない態様の不当な差別的言動は差し止めることができないのか、など、課題を残している。今後の実務の集積により克服されるべき課題である。

6　大阪市鶴橋ヘイトデモ禁止仮処分事件

A　事案

大阪市生野区鶴橋及び桃谷は、川崎市桜本地区と同様、広く知られた在日コリアンの集住地域である。申立人X特定非営利活動法人（以下、「X」という。）は、桃谷に事務所を置き、役員、スタッフの全員が在日コリアンであり、会員の半数が在日コリアンまたは在日コリアンが代表者である法人である。活動内容としては、①在日コリアンの子どもたちの民族学級における民族教育の保障、②差別の撤廃、多民族・多文化共生社会の実現、③韓国・朝鮮と日本の市民協働の活性化、国際交流・協力活動への参画、④「共生」「人権」をテーマとする人権研修プログラムの実施、⑤フィールドワークの実施等であり、特に、⑤フィールドワークは、鶴橋駅（JR、近鉄、地下鉄）を始点に、ここに隣接する国際市場からX事務所を経て、生野コリアンタウンを終点とし、徒歩で見学を行うほか、コリアンタウンでの体験学習などを内容とし、二〇一五年度のフィールドワーク参加者は、総勢八九二〇名に上る。

被申立人Yは、市民右派団体に参画する活動家であり、在特会の元副会長、大阪支部長を務めた経歴を有するほか、前述の京都朝鮮学校襲撃事件、徳島県教職員組合襲撃事件の実行犯の中心メンバーである。二〇一三年二月から二〇一六年九月にかけて、鶴橋駅周辺で、在日コリアンの排斥を訴える複数回のデモや街宣を主催し、又はその中心メンバーとして参加した。

Yは、所属団体のホームページにて、「二〇一六年一二月二九日（木）の予定【仮予定】鶴橋防犯パトロール&忘年会」、「チョンコの犯罪率は突出している」、「チョンコを見たら犯罪者と思え！チョンコを見たら変態と思え！」、「鶴橋駅から忘年会の会場までの道中を防犯パトロールしながら行くと言う形態を考えています。（ママ）」などと掲載し、Xが二〇一六年一二月二九日に実施する予定の「防犯パトロール」と称するデモへの参加や運動への賛同を呼び掛けた。

Xは、このようなヘイトデモの禁止を求めて同年一二月一三日受付の本件申立てをした。

なお、Yは、同月二〇日の審尋期日に出廷し、在日コリアンは危険などとする持論を述べた。

B　決定の結論

Xが申立ての趣旨で求めた通り、大阪地裁は、Yに対し、以下の行為を禁ずる仮処分決定を出した。

Yは、Xに対し、自ら左記の行為をしてはならず、又は第三者をして同行為を行わせてはならない。

記

Xの主たる事務所の入り口から半径六〇〇メートル以内を、「防犯パトロール」等と称して、単独又は複数名でデモをしたり、徘徊したりする際に拡声器を使用したりあるいは大声を張り上げたりして、「チョンコの犯罪率は突出している」「チョンコは危険だ、チョンコを見たら犯罪者と思え、チョンコを見たら変態と思え」「チョンコ一匹は犯罪やレイプの元」「チョンコ一匹殺す事は、同胞である日本人一〇人を助ける事になる」「ゴミはゴミ箱へ、チョンコは朝鮮半島へ、ペッチョンは済州島へ、パンチョッパリは地上の楽園へ」等の文言を用いて、在日コリアン及びその子孫らに対する差別的意識を助長し又は誘発する目的で、公然とその生命、身体、名誉若しくは財産に危害を加える旨を告知し、又は名誉を毀損し、若しくは著しく侮辱するなどし、もって債権者の事業を妨害する一切の行為。

C　コメント

ア　本件事案の特殊性——川崎市事件との違い

本件は、決定書に決定の理由が記載されておらず、裁判所の判断過程は検証できない。しかし、川崎市の桜本地区と同じく、大阪鶴橋は在日コリアンの集住地域であり、Xの申立ては、上述の川崎市事件の決定に依拠している。

川崎市事件では、社会福祉法人の事務所を中心とした半径五〇〇メートルの円内に、関連施設が九カ所存在した。横浜地裁川崎支部は、住居（事業所）において平穏に生活（事業）する権利を被侵害権利・利益として、半径五〇〇メートルの範囲内でのデモを禁じた。

これに対して、鶴橋事件では、Xは関連施設を持たず、事務所は桃谷一カ所である。他方、Xのフィールドワーク事業は、年間九〇〇〇名近くの者が参加するXの中心事業であり、フィールドワークのエリアは、鶴橋駅を始点として、X事務所を中間地点として経由して、生野コリアンタウンを終点としており、X事務所を中心とした半径六〇〇メートルの範囲にある。参加者は、散策しながら国際色溢れる商店街の見学や体験を行う。そこで、Xは、フィールドワークがXの事業の中心を占めており、国際色溢れる商店街の雰囲気や体験学習に協力する店舗の存在が不可欠であるため、Xの「平穏に事業する権利」、「自由に活動する権利」、「名誉、信用を保有する権利」は、このフィールドワークの活動が保護されてはじめて保全される、と主張し、被侵害権利・利益としては、「住居（事務所）において平穏に生活（事業）する権利」を広げて、「住居（事務所）やこれに接続・近接した日常の活動領域において平穏に生活（事業）する権利」を主張した。

大阪地裁が、中立人の主張を認めたのか、他の理論構成によったのかは明らかでないが、いずれにしても、大阪地裁は、Xの重要事業であるフィールドワークの活動エリアを包摂する半径六〇〇メートルの範囲内のヘイトデモを禁ずる決定を下した。

たしかに、たとえ物的な事業関連施設が無くても、事業の内容や態様、法人の事業のうち当該事業が占める重要性の程度に鑑みて、当該事業の活動範囲が、物的な関連施設を保有するのと同程度の緊密さを有すると認められる場合は、当該活動範囲内でのヘイトデモを禁止することには合理性が認められると思われる。

川崎事件の項で、残された課題②として挙げた、「住居・事務所周辺における日常の活動領域はどこまで保護領域に含めることができるのか」という課題に対して、本決定は、物理的施設の範囲に限らず、事業の実質的内容に鑑みて保護領域を広げた決定として評価に値する。

イ　間接強制として違反行為をした日一日につき六〇万円の賠償が認められたこと

川崎事件では、ヘイトデモ禁止仮処分のあと、Yによって、ヘイトデモが実施されることはなかった。

これに対して、鶴橋事件のケースでは、Yは、ヘイトデモを禁ずる仮処分決定にもかかわらず、二〇一六年一二月二九日、事前の予告通り鶴橋に現れ、鶴橋駅周辺を徘徊し、仮処分で禁止された半径六〇〇メートルのエリア内に入り込んでチラシを撒こうと試みた。これに反対する多数の市民等の行動と、出動した警察官らの説得によって、Yが仮処分決定で禁じられた場所に立ち入ることは阻止された。

Yは、翌三〇日にも鶴橋駅に現れ、駅周辺を徘徊し、チラシを撒く行動に出た。さらに、二〇一七年一月三日も同様の行動に出た。さらに、Yは、「日本にいる朝鮮人を0に」する目的で同年二月一日に鶴橋で街宣を行うなどと予告掲載したため、Xは、間接強制命令の申立てを行った。大阪地裁は、二〇一七年三月二日、仮処分命令で禁じられている行為をしたときは、違反行為をした日一日につき六〇万円の支払いを命ずる決定をした（大阪地裁平成二九年（ヲ）第二〇〇〇三号。判例集未掲載）。

川崎市の事件では、仮処分決定に違反した場合の間接強制の申立てにまで及んでおらず、本件は、間接強制の決定を得た事案として参考になる。

7　東京朝鮮中高級学校ヘイト街宣禁止仮処分事件

A　事案

申立人X学校法人（以下、「X」という。）は、東京朝鮮中高級学校（以下、「本件学校」という。）を運営する法人である。JR十条駅は、本件学校から五〇〇メートル圏内の最寄り駅であり、本件学校の教職員、生徒、及び関係者が日常的に利用している。

被申立人Y（以下、「Y」という。）は、「朝鮮総連本部をさら地にする会」（以下、「本件会」という。）の代表代行の立場にあるものである。Yは、本件会の「月例活動」と称して、JR市ヶ谷駅前で街宣活動をし、次いで朝鮮総連中央本部前に移動して同所で街宣活動を行ってきた。この本件会の月例会と称する街宣活動は、二〇一九年二月一五日まで四四回実施された。

二〇一九年三月の月例活動から、JR市ヶ谷駅前→朝鮮総連中央本部前に次いで、JR十条駅前においても、街宣活動を行うようになった。Yは同年五月一五日にもJR十条駅前で街宣活動を行ったが、Xの主張によれば、Yは、同街宣活動において、「高校教師の殺人体罰」と書かれたプラカードを掲げ、以下の発言を行った、とされる。

「……教師のいうことを聞かない生徒も、こうして犯罪者だから、体罰を加えても構わない。生徒が死のうと構わない。これが、朝鮮学校教師が、生徒を殺人も殺人体罰を加えても、善として恥じない、反省しない、これが、朝鮮学校が持ってる価値観。これはまさに北朝鮮が持ってる価値観と同じだと思います。……」

「朝鮮学校は北朝鮮学校でありスパイ学校である。」「朝鮮学校が高校無償化から除外されるのは当然である。」「朝鮮人は帰れ！」「朝鮮学校の生徒達よ君たちは騙されている、洗脳されている。」「豚金を打倒しよう。」「騙されて帰国した在日朝鮮人がどれだけ酷い生活を強いられているのか」「朝鮮総連は反社会的団体だ。即時解散せよ！」「十条にはその様な危険な北朝鮮学校がある。」「北の独裁政権を打倒しよう。」「北が向かってミサイル発射し攻撃してくる。」「北朝鮮と朝鮮総連は日本人を拉致した張本人だ。早く返せ！」「拉致被害者たちは生きている。なのに死亡、行方不明の理由でごまかしている。」「拉致問題はすでに解決済みと言いなんら進展がないのは北のせいだ！」「延坪島砲撃事件で同族を殺す北朝鮮！」

「行動する保守運動」のホームページ上に、二〇一九年六月一五日に、本件会が月例活動として、JR市ヶ谷駅前→朝鮮総連中央本部前→JR十条駅前における街宣活動を予告したことから、X

は、JR十条駅前における街宣活動の禁止を求めて、本件申立てに及んだ（東京地裁令和元年（ヨ）第一七五二号仮処分命令申立事件）。

B　決定の結論

東京地裁は、Xの申立てを認め、令和元年七月五日、Yに対し、次の行為の禁止を命じる決定を下した。

Yは、Xに対し、別紙行為目録記載の行為その他Xの名誉を毀損し、若しくは侮辱するなど、Xの業務を妨害する一切の行為をしてはならず、また、第三者をして同行為を行わせてはならない。

別紙行為目録

1　本件学校の正門門扉の中心地点を基点として、半径五〇〇メートルの範囲内において、拡声器を使用し、又は大声を上げるなどして、Xを非難、誹謗中傷するなどの演説をし、又はシュプレヒコールをすること

2　右記1記載の範囲内において、Xを非難、誹謗中傷する内容のビラを配布すること

3　右記1記載の範囲内において、Xを非難、誹謗中傷する内容の文言を記載したプラカードや旗、幟を掲げて佇立または徘徊をすること

C　コメント

ア　四例目のヘイト街宣の差し止め

本件は、京都朝鮮学校襲撃事件、川崎市ヘイトデモ禁止仮処分事件、大阪市鶴橋へイトデモ禁止仮処分事件に次いで、ヘイトデモ・街宣の差し止めを認めた四例目の事件である。

禁止される行為の内容は、京都朝鮮学校襲撃事件と同じであり、川崎市や大阪鶴橋の仮処分事件で禁止された行為よりも範囲が広い。これは、事前のYの言動に、本件学校に直接向けられた発言が含まれており、京都朝鮮学校襲撃事件の場合と同様、Xに対する直接の権利侵害の危険性が認定されたことに関連していると思われる。

イ　最寄り駅を含む、半径五〇〇メートルの範囲内での禁止を認定

本決定は、本件学校の最寄り駅であるJR十条駅を含む、半径五〇〇メートルの範囲内での街宣を禁じた。決定文に理由が示されていないが、東京地裁は、JR十条駅から同校を結ぶ経路が、本件学校の教職員の通勤路であり、同校の生徒の通学路であって、同エリア内でヘイト街宣が行われれば、Xの業務が妨害されることを認めた結果であると思われる。学校施設の周辺に限らず、教職員や生徒の日常の活動領域をも保護の対象とした点で、大阪市鶴橋へイトデモ禁止仮処分事件の決定の流れに沿ったものと理解することができ、評価に値する。

なお、報道によれば、本決定後、Y側の代理人弁護士から「駅前という公共空間での言論規制は、表現の自由に対する重大な侵害だ」とのコメントが出されたとのことであるが、本決定は、限定されたエリア内でXを非難、誹謗中傷する内容の言動を禁じているのであって、このような言動が表現の自由の範囲外であることは明白である。Y側弁護士のコメントは当たらないと思われる。

8　まとめ

以上、ヘイトスピーチに関する七例の裁判例を概観した。いずれの事件も、在特会及びその流れをくむ市民右派団体並びにそれら団体の構成員を相手方とする事件であり、偏屈な民族差別思想を有する者らに対峙する被害者の負担は察するにあまりある。

これら被害者の訴えに対して、司法は、概ね、相手方に対して厳しい態度で臨んでいると言える。これら判例の集積によって、ヘイトスピーチ訴訟についての一定の到達点が見られるが、課題も残されている。

（1）損害賠償請求訴訟における人種差別の認定

ヘイトスピーチを含む言動や示威活動に対する損害賠償請求訴訟においては、京都朝鮮学校襲撃事件の高裁判決以降、名誉毀損、侮辱又は業務妨害等の不法行為の成立が認められることを前提に、当該行為が「人種差別」に該当する場合には、そこに人種差別撤廃条約の趣旨を反映させることにより、行為の悪質性が高まる、その結果、人種差別に該当しない場合よりも損害額が高額となる、という処理が繰り返され、定着したように思える。

京都朝鮮学校襲撃事件の処理手法は、その後の事件に受け継がれ、さらに、李信恵氏対在特会等事件・保守速報事件において、①人種差別に該当する場合には、人種差別撤廃条約のみならず、ヘイトスピーチ解消法の趣旨も反映させることが明示された点、②さらに女性差別に該当する場合には、人種差別と同様、行為の悪質性が高まるという理論構成が明示された点において、進展が見られる。

他方、「人種差別」に該当するが、名誉毀損、侮辱又は業務妨害の不法行為が成立しない言動については、理論上損害賠償責任を問えないことになる。これは、後述の通り、保護法益論に関連して、「差別されない権利」が人格権の内容として正面から認められていないことに関連していると言えよう。今後の研究・実務の課題である。

ただ、「人種差別」に該当する言動が、特定の個人又は団体に対して向けられていると認められるケースでは、ほとんどの場合、名誉毀損、侮辱又は業務妨害のいずれかの不法行為が成立すると考えられる。李信恵氏対保守速報事件の高裁判決は、「原告が在日朝鮮人であることを理由に原告を日本の地域社会から排除することを煽動する」表現についても、当該表現は「人種差別」であり、「侮辱行為」に該当する、との認定をしている。このように「人種差別」表現が「侮辱」行為としての不法行為に包摂しえるのであれば、当該表現を向けられた特定の個人又は団体が、不法行為責任を問うのに、さほどの支障はないように思える。

(2) デモ街宣の差し止め

京都朝鮮学校襲撃事件→川崎市ヘイトデモ禁止仮処分事件→大阪市鶴橋ヘイトデモ禁止仮処分事件→東京朝鮮中高級学校ヘイト街宣禁止仮処分事件といった一連の差し止め事件の流れを見ると、当初は、保護の範囲が、申立人の事務所等の物理的施設の周辺に限られていたが、次第に、最寄り駅を含む、中立人の日常の活動領域まで保護の対象が拡大していることがわかる。中立人弁護団による主張・立証活動の成果と言えよう。

もっとも、川崎市事件や大阪市鶴橋事件のように、必ずしも特定の個人や法人・団体を標的としないヘイトデモ・街宣が行われる事例において、街宣車やスピーカーを使用せず、大声を張り上げない差別的言動（ビラまきや、プラカードや旗、織を掲げて佇立または徘徊する行為）が差し止めの対象となるかは、今後の課題として残されている。

（3）保護法益論

川崎市ヘイトデモ禁止仮処分事件において、横浜地裁川崎支部は、在日コリアンが朝鮮半島にルーツを持つことを理由に差別され、日本の地域社会から排除されることのない権利について言及している。

すなわち、仮処分決定において、「本件に関係する在日韓国・朝鮮人など、本邦の域外にある国若しくは地域の出身である者又はその子孫であって本邦に居住する者（以下「本邦外出身者」という。）が、専ら本邦の域外にある国又は地域の出身であることを理由として差別され、本邦の地域社会から排除されることのない権利は、本邦の地域社会内の生活の基盤である住居において平穏に生活し、人格を形成しつつ、自由に活動し、名誉、信用を獲得し、これを保持するのに必要となる基礎を成すものであり、上記の人格権を享有するための前提になるものとして、強く保護されるべきである。殊に、我が国が批准する人権差別撤廃条約の前記の各規定及び憲法一四条が人種などによる差別を禁止していること、さらに近年の社会情勢の必要に応じて差別的言動解消法が制定され、施行を迎えることに鑑みると、その保護は極めて重要であるというべきである。また、本邦外出身者が抱く自らの民族や出身国・地域に係る感情、心情や信念は、それらの者の人格形成の礎を成し、個人の尊厳の最も根源的なものとなるのであって、本邦における他の者もこれを違法に侵害してはならず、相互にこれを尊重すべきものである。」と判示している。

川崎支部が言及する、この「本邦外出身者が、専ら本邦の域外にある国又は地域の出身であることを理由として差別され、本邦の地域社会から排除されることのない権利」を、保護されるべき人格権の内容として認めることができれば、実務上の様々な課題は解決に向けて前進することが見込まれる。前掲の判例タイムズ一四二八号九〇頁は、川崎支部が仮処分事件において「差別され、排除されることのない権利」を、被侵害権利・利益として認めなかった理由について、同権利が、私法上の不法行為の分野における被侵害権利・利益として成熟したものとして確立しているとまではいえないから、と評している。[*2] 今後の実務の課題であり、判例の集積が期待されるところである。

＊2　判例タイムズ前掲書は、川崎市事件の決定とは射程外の事案をも想定したヘイトスピーチによる被侵害利益について、「在日韓国・朝鮮人など、本邦外出身者が、本邦の地域社会において、民族、国籍、出身国・地域によって差別又は排除されず、日本人や他の本邦外出身者と平等の立場で基本的人権を享有する個人として尊重され、その尊厳を害されることなく、相互に人格と個性を尊重し合いながら共生する権利」を提案している（判例タイムズ前掲書九二頁）。

第11章　大阪市の「ヘイトスピーチへの対処に関する条例」ができるまで

林　範夫

1　初の条例誕生

二〇一六年一月一五日、「大阪市ヘイトスピーチへの対処に関する条例」（以下「大阪市ヘイトスピーチ対処条例」という）が可決された。施行こそ同年七月一日と、国のヘイトスピーチ解消法（「本邦外出身者に対する不当な差別的言動の解消に向けた取組の推進に関する法律」二〇一六年六月三日公布・同日施行）よりもひと月ほど遅かったものの、日本で初めて、ヘイトスピーチの抑制を目的とした法規範が生まれたのである。

2　嫌韓の兆し

今にして思えば、嫌韓の兆しは二〇〇三年ころの大阪に既にあった。ＪＲ鶴橋駅は、大阪の在日コリアン集住地域である生野区の玄関口である。ＪＲ環状線と近鉄線が交差する高架下に、国際市場と呼ばれる市場が広がり、そこではキムチ、韓国ノリ、チヂミ、蒸し豚が売られ、チョゴリ屋も軒を並べている。まるで韓国の市場とそっくりな光景を見ることができる。そんなＪＲ鶴橋駅の敷地を出たＪＲ環状線の高架下、千日前通りを横断するための信号機の下あたりで、なにやら陰気なヒョロヒョロした奴が二〜三人寄って署名を集めている。何気なく見ているると、ひところ流行った「在日特権」に関する署名だった（もちろん、当時はそんな名称はなかったし、誰もそんな呼称を使っていなかった）。内心、「こんなとこで、何やってんねん。場所を考えろよな。ヘタしたら誰かに殴られるかもしれへんぞ」とか思いながら無視して通り過ぎる。ＪＲ鶴橋駅前での署名集めは、誰からも相手にされていなかった。協力する人もいなかったし、怒って突っかかっていく人もいなかった。その程度の存在だった。そのときは。

3　ヘイトデモ・ヘイト街宣

一〇年後、関西にヘイトスピーチ一色のデモや街頭宣伝（街宣）が蔓延していた。毎週のように、大阪、京都、神戸、関西の主要三都市のどこかの繁華街でヘイトデモやヘイト街宣があった。ヘイトデモやヘイト街宣はエスカレートし、「殺す」「犯す」「殴る」「叩き出す」といった、人の生命身体に危害を加えることを扇動する言葉が現れるようになってきていた。これは弁護士として放置しておけない。現場のカウンター活動に自ら参加した。ところが、大阪府警の取り締りは苛烈だった。ヘイト側に対してではない。カウンター側に対してである。ネット映像では、東京のカウンターは、ヘイトデモの参加者（レイシスト）に対してヘイトスピーチ反対の罵声を浴びせ、プラカード（プラカ）を掲げ、ヘイトデモの進路に座り込んでいた。ところが大阪では、カウンター側は、許可されたデモ・街宣の妨害者と扱われ、レイシストから遠く引き離され、多数の警察官に包囲された。ヘイトスピーチに反対するプラカをあげようとすると「挑発するな」とプラカをおろさせられ、レイシストたちの目につかないように持っていることを強いられる。声をあげようものなら、たちまち五〜六人の警察官に取り囲まれて、その場から引き離され、「まだ大声だすようやったら逮捕するぞ」と警告される。デモの進路に座り込むなんて、そもそも無理。カウンターに駆けつけた人たちは、ただ警察官の囲いの中に立ち尽くし、ヘイトスピーチをただ黙って聞いているしかできない。

ヘイトスピーチは朝鮮人や韓国人といった抽象的な集団に向けられたものだから、特定の個人には具体的な損害が生じていないという理屈で、違法扱いされていない。しかし、ヘイトデモやヘイト街宣の現場に出て私たち在日コリアンが感じるもの、それは、人格をまるで否定され無価値どころか卑しいもの扱いされる屈辱、いつ襲われて暴力によって傷つけられ殺されるかも知れないという恐怖。鼓動が早まり、顔は紅潮し、口の中がからからに乾く。心は切り刻まれ、その場にいることがとても苦痛だが、こんな奴らに負けてたまるかと立ち去らない。レイシストたちはあからさまな差別を口にして何憚ることなく、まるでサークル活動でもしているかのようにニヤニヤ笑いながら差別を楽しんでいる。こんな体験はこれまでしたことがない。そこで攻撃されているのは、朝鮮人、韓国人ではなく、朝鮮人、韓国人である私自身であった。みな、同じ思いであったろう。なのに、反対の声を上げることすら禁じられていたのである。

4　女子中学生による鶴橋大虐殺発言

大阪では、韓国総領事館のある御堂筋なんば、千日前アムザ前、JR鶴橋駅前が、主要なデモ・街宣場所であった。ヘイトデモ・ヘイト街宣が活発化するなか、二〇一三年二月二四日、JR鶴橋駅前でヘイト街宣が行われた。そこでなされたヘイトスピーチは酷い内容であった。

「美しい美しい日本人がここまで怒る、なぁ？　怒らしてしまったのは、あなた達ゴキブリ朝鮮人。在日ゴキブリクソチョンコなんですよ⁉（「そーだー！」）自覚しなさい。

こらゴキブリー！　いちびっとたらアカンぞ、ホンマにー。イキリのチョンコがエラそうになぁ、なぁ？　誰が二足歩行で歩くことを許してん。なぁ？　四足歩行であるけ、手足ついて。なぁ、二足歩行で歩くな、チョンコの分際で。お前らは一番の劣等民族なんや。なぁ？　世界中で嫌われてなぁ、性犯罪の大国やないか、なぁ！　毎年毎年何百人も何千人も、性犯罪のゴキブリ出して、なぁ？　おまえ、幼稚園児やぞ、アホか、ゴキブリー。ゴキブリ出てこいアホー！　なぁ、一人ずつ一〇円やるわ、死んでくれ。なぁ、ひとり頭一〇円やるわ、なぁ、〇〇〇会の経費からおろすから、頼むから死んでくれ、なぁゴキブリ」

こんな罵詈雑言、酷いヘイトスピーチを浴びせかけられても、それでも何もできない。通りかかりの女性にレイシストたちは噛みつく。

「何が言いたいんですか？　ってね、こいつ。このオバハン、何が言いたいんですか？って言いましたよ。おどれ舐めとったらアカンぞ！　このアマぁ？　あぁ？!!　ボケェ！　コラァ！　おどれー、いけいけー！　やったれやったれー!!　犯してまえー!!　いけいけー、突撃ー!!　突撃じゃーい！　おどれ日本人舐めとったらアカンぞー、アホー、殺せ殺せー、ほんなもーん！　豚ぁ！」

ヘイトスピーチが次々とくり広げられるなかで、レイシスト集団の中から女子中学生がマイクを握って、こう叫んだ。

「鶴橋に住んでる在日クソチョンコの皆さん、そして今ここにいる日本人のみなさん、こんにちは！（「おっしゃー!!」）まずニッポン人の人に聞きます。ここにいるチョンコが憎くて憎くてたまらない人、何人いますか！　手あげてくださーい!!（「はーい!!」）ここの中でもこんなに人がいるんですよー!!　こんなに嫌われて、いやですねー!!　私もホンマみなさんが憎くて憎くてたまらないんです（拍手）。もう殺してあげたい。みなさんもかわいそうやし。私も憎いし、消えてほしい。いつまでも調子に乗っ取ったら、南京大虐殺じゃなくて、鶴橋大虐殺を実行しますよ！（「そーだー!!」）ニッポン人の怒りが爆発したら、しますよ！（「そーだー!!」）大虐殺を実行しますよ!!（「そーだー！」）実行される前に、今すぐ戻ってください！（「そーだー！」）ここはニッポンです！　朝鮮半島ではありません!!（「そーだー!!」）いい加減帰りやがれー!!（「帰れー!!」）」

この女子中学生は、この日のヘイト街宣を主宰していた○○○会の代表者の娘である。女子中学生が虐殺をおおっぴらに口にする衝撃。

しかし、やはり我々カウンターは警察官に囲まれた中で黙って立ち尽くし、垂れ流されるヘイトスピーチをただ聞いているしかなかった。

5　訪れた転機

大阪府警の取り締りに変化が現れたのは、二〇一三年一〇月七日、京都朝鮮初級学校襲撃事件の第一審判決が下されてからであった。京都地方裁判所は、二〇〇九年一二月から在特会らが三回にわたって京都朝鮮初級学校を襲撃した事件について、ヘイトスピーチを「人種差別」であると認定した。そして、約一二二六万円の高額賠償と学校周辺での宣伝活動禁止を認めた。ヘイトスピーチが人種差別として、民事上、違法と評価され、高額な損害賠償請求の対象となることを初めて認めた司法判断が下されたのである。

この判決の後、大阪府警は、カウンターがプラカを掲げてもこれをおろさせることはなくなった。ヘイトスピーチ反対の声を上げても、それを制止する行動はとられなくなった。ただ、カウンター側とヘイト側が接触しないよう、取り囲まれることは変わりなかった。しかし、大いなる前進であった。誰がヘイトデモやヘイト街宣に反対しているのかがはっきりとわかるようになった。ヘイト側も、カウンターの数の多さを知ったはずである。

二〇一四年七月八日、京都地裁の判決は、大阪高等裁判所でも維持された。二〇一四年一二月九日、最高裁で確定した。

6　大阪市が条例制定に乗り出す

当時の状況をみてみると、二〇一四年七月二四日、国連・自由権規約委員会が日本政府に対する総括所見を採択し、人種差別、憎悪や人種的優位を唱える宣伝活動やデモを禁止するよう勧告を出している。同年八月二〇日には、人種差別撤廃委員会で日本政府報告書が審議されたが、この場でもヘイトスピーチは大きな問題として取り上げられた。同月二九日に採択された総括所見では、

(a) 憎悪および人種主義の表明並びに集会における人種主義的暴力と憎悪に断固として取り組むこと
(b) インターネットを含むメディアにおけるヘイトスピーチと闘うための適切な手段を取ること
(c) そうした行動に責任のある民間の個人並びに団体を捜査し、適切な場合は起訴すること
(d) ヘイトスピーチおよび憎悪扇動を流布する公人および政治家に対する適切な制裁を追求すること、そして、
(e) 人種主義的ヘイトスピーチの根本的原因に取り組み、人種差別につながる偏見と闘い、異なる国籍、人種あるいは民族の諸集団の間での理解、寛容そして友好を促進するために、教育、文化そして情報の方策を強化することなどの対策をとるべきである

という厳しい勧告が出されている。

大阪高裁の判決を受けて、橋下市長が、二〇一四年七月一〇日の定例記者会見で、在日コリアンを標的とするヘイトスピーチを「大阪市では許さない」と語った。その上で「表現の自由もあり、それ自体の規制や処罰は難しい」としながら、「発言内容を証拠保全し、表現について第三者委員会で論議し、結果を公表する」「具体的な対策は今後、有識者などで検討してもらう」などと言及し、大阪市はヘイトスピーチを規制する条例の制定に向けて動き出したのである。

7　制定された条例の概要

(1) 目的

大阪市ヘイトスピーチ対処条例では「目的」を次のように定めている。

ヘイトスピーチが個人の尊厳を害し差別の意識を生じさせるおそれがあることに鑑み、ヘイトスピーチに対処するため本市がとる措置等に関し必要な事項を定めることにより、市民等の人権を擁護するとともにヘイトスピーチの抑止を図ること（一条）

これまで「表現の自由」の範疇だとうそぶいていたレイシストたちに対し、ヘイトスピーチは、個人の尊厳を害するものであること、差別を助長するものであることを認めた上で、これを規制すると明確に宣言したのである。名誉との関係で規制される「表現の自由」が、同様に差別との関係でも規制されることを明らかにし、何が真に守られなければならない表現であるのかを初めて示した画期的な条例であると言えよう。

（2）ヘイトスピーチの定義

ヘイトスピーチとは、次のような表現活動をいうものとされた。

①保護対象

人種若しくは民族に係る特定の属性を有する個人または当該個人により構成される集団（二条一項ア）。

従前の法制度のもとでは、特定の個人または団体（自然人または法人）でなければ、損害なしとして法的な請求を行うことができなかった。上述の京都朝鮮初級学校襲撃事件の判決においてですら、そのような理解が判示されていた。しかし、大阪市ヘイトスピーチ対処条例では、例えば在日韓国人といった「集団」を対象にした表現に対しても、同条例の定める保護（後述）を法的に求めることができるようになったのである。

もっとも、「大阪市」条例であるため対象は「市民」と限定されているが、「市民」とは、大阪市に居住する者だけでなく、大阪市に通勤・通学する者も含むものとされている。より実効性を確保しようとする趣旨である。

②目的

ア　社会から排除すること
イ　権利または自由を制限すること
ウ　憎悪若しくは差別の意識または暴力をあおること
　のいずれかを目的として行われていること（二条一項⑴ア〜ウ）。

自由権規約二〇条二項「差別、敵意又は暴力の扇動となる国民的、人種的又は宗教的憎悪の唱道は、法律で禁止する」を参考にしつつ、「日本から出て行け」という扇動や「在日特権」のデマを流布するヘイトデモ、ヘイト街宣の実態に即した定義と言えよう。

③態様1

ア　相当程度、侮辱しまたは誹謗中傷するもの
イ　脅威を感じさせるもの
　のいずれかの態様で行われていること（二条一項⑵ア〜イ）。

④態様2

不特定多数の者が表現の内容を知り得る状態に置くような場所又は方法で行われるものであること（二条一項(3)）。

（3）規制対象となる「表現活動」

①手段

印刷物、光ディスク等の販売、頒布、上映のほか、インターネットを利用して不特定多数の者による閲覧、視聴できる状態におくことも含む（二条二項）。

インターネット上の表現活動を規制対象とした点が画期的であり、ヘイトデモやヘイト街宣を撮影した動画がYouTubeやニコニコ動画といった動画投稿サイトにアップロードされてヘイトスピーチがばらまかれている現状を規制しようとしたものである。

②場所

大阪市内で行われたものだけでなく、市外であっても市民等に対して行われた場合や市内で行われたものを拡散する場合は対象となる（五条一項）。

（例）市外で大阪市民に対するヘイトスピーチが行われた場合
　　市内で行われたヘイトデモをインターネットで公開した場合

（4）規制

大阪市に申出があると、審査会に諮問し、その答申によって規制を行う（六〜九条）。規制には次のようなものがある。

①ヘイトスピーチと認定された表現内容の概要
②拡散防止のためにとった措置の内容
③同表現を行った者の氏名または名称を公表する（五条一項）。

条例案の段階では被害当事者の訴訟支援が盛り込まれていたが、最終的に削除されることとなった。大阪市ヘイトスピーチ対処条例は、ヘイトスピーチを違法と認める明文規定は置いておらず、またヘイトスピーチを行った者に刑事罰を科すものでもない。また、ヘイトスピーチをくり返している者たちの公共施設利用を不許可とする明文規定も置いていない。それらは今後の検討課題として残された。条例の運用過程でも、ハンドルネームしか明らかにできず、実名の公表には越えなければならないハードルがあったことが明らかになった。本当にヘイトスピーチを無くそうと思えば、これら検討課題を克服できるような規定の実現まで必要だと言わざるを得ない。名誉毀損の場合と比べてもそれは何ら行き過ぎた規制ではない。

大阪市ヘイトスピーチ対処条例は、日本最初のヘイトスピーチ規制の法規範であることは高く評価されるべきであるが、残された課題もまた多いと言わざるを得ない。今後もあるべき条例の形を求めて、大阪市政に働きかけてゆく必要がある。

（5）ヘイトスピーチ審査会

ヘイトスピーチ審査会は五人以内の学識経験者で構成され（八条）、二〇一六年一一月末現在、憲法学者一名、行政法学者一名、国際法学者一名、弁護士二名で構成されており、一九件の申出を審査中である。

二〇一八年度までで申出が四三件あり、うち審査終了した一二件について、六件がヘイトスピーチに該当すると判断され、その旨が公表されるとともに、プロバイダに対して削除要請が行われている。審査が開始されれば、申出のあった件について対象者から意見聴取が行われる手続となっており、ヘイトスピーチ審査委員会から意見を求める通知が来ただけで、将来の規制を恐れてヘイトスピーチ動画の公開を取りやめる例もあり、大阪市から措置がなされる前でもヘイトスピーチの抑制効果が認められていることは歓迎すべき現象である。

なお、ヘイトスピーチ審査会の議事要旨はネット上で公開されている（http://www.city.osaka.lg.jp/shimin/page/0000366957.html）。

8　ヘイトデモ・ヘイト街宣の現況

京都朝鮮初級学校襲撃事件の判決、大阪市ヘイトスピーチ対処条例の制定、カウンターの活発化などを経て、ヘイトデモ・ヘイト街宣は一時の勢いを失っている。隆盛であったときには一〇〇人以上の規模であったが、今では三〇人程度の規模に縮小している。これに対してカウンター側は倍以上の人数が集まるようになっている。人数的にカウンター側が圧倒している状況であるが、レイシスト側は常連と化したメンバーが執拗にヘイトデモやヘイト街宣を行っていて、これをやめようとしない。また、小規模ゲリラ化してきており、カウンターがかけにくい時間帯、通常は人が働いている時間を狙って少人数ながら連日ヘイト街宣を行うなどの行動に出ている。また、政策の外見を装ってヘイトスピーチを行ったりしている。地方公共団体の選挙に立候補して、ヘイトスピーチをまき散らしているのは、その典型例である。政治的意見の表明という見せかけで、実質はヘイトスピーチそのものなのを行っているのであるから、形式に惑わされることなく、これらも規制の網をかけてゆかねばならないであろう。

9　各地の条例制定・ガイドライン策定の動き

地方自治法第九九条に基づき日本政府にヘイト・スピーチ規制を求める意見書の採択は、ヘイトスピーチ解消法制定の直前である二〇一六年二月九日現在で、二九八議会にのぼっていた（法務省人権擁護局調べ）。

大阪市ヘイトスピーチ対処条例を嚆矢として、各地の地方自治体でも独自のヘイトスピーチ規制条例を制定したり、公的施設の利用に関するガイドラインを策定したりする動きも拡大してきている。香川県観音寺市、東京都世田谷区、東京都、東京都国立市がヘイトスピーチを規制する条例を制定している。東京都を除いてはヘイトスピーチや差別を禁止する規定があり、また香川県観音寺市の市公園条例には違反行為に金五万円の罰金を科す罰則が設けられている。神戸市、神奈川県川崎市では、条例案が議会に提出済であったり、提出予定である。とりわけ川崎市ではヘイトスピーチ全般に対する罰則付きの条例案が示されており、パブリックコメントでも賛成が過半数を占めるなど、注目されている。神奈川県、名古屋市、神奈川県相模原市では、条例制定への意欲が表明されている。

また、公的施設でのヘイトスピーチ規制のために、神奈川県川崎市、京都府、京都市、京都府宇治市、京都府亀岡市で、ガイドラインが策定され、東京都江戸川区、愛知県ではガイドラインまで至らないものの利用規制が行われている。

このように、ヘイトスピーチを抑制しようという条例制定やガイドラインの策定は全国の地方公共団体に広がってきている。今後もこの動きが拡大してゆくこと、現在の条例やガイドラインもより実効的な内容へと進化してゆくことを願ってやまない。なお、東京弁護士会は、地方公共団体の条例制定の一助となるよう、「人種差別撤廃モデル条例案」を公開している（https://www.toben.or.jp/message/ikensyo/post-506.html）。

第12章　ヘイトスピーチ解消法施行後の動き

李　世燦

二〇一六年六月にヘイトスピーチ解消法が施行されるまでは、ヘイトスピーチの規制、解消に向けた法律、条例は、大阪市の「大阪市ヘイトスピーチへの対処に関する条例」だけであった（その内容や運用上の問題点については、別稿に譲る）。しかし、ヘイトスピーチは全国各地で行われており、対処の必要性は大阪市内だけではなかった。

そのような中、国がヘイトスピーチ解消法を施行し、本稿執筆時の二〇一九年六月現在まで、三年が経過した。この間に、「地方公共団体は、本邦外出身者に対する不当な差別的言動の解消に向けた取組に関し、国との適切な役割分担を踏まえて、当該地域の実情に応じた施策を講ずるよう努めるものとする」と規定された同法四条二項を受け、いまだ少数派ではあるが、全国の各自治体で、条例制定、又は公共施設利用に関するガイドライン制定の動きが増えてきた。

本章では、ヘイトスピーチ解消法施行後に制定された、ヘイトスピーチ規制に関するこれらの条例又はガイドラインの概要を紹介し、それぞれの問題点にも言及する。

1　条例

（1）世田谷区

二〇一八年四月一日、世田谷区は、「世田谷区多様性を認め合い男女共同参画と多文化共生を推進する条例」を制定した。

本条例は、「男女共同参画」と「多文化共生」の実現を主軸とし、これにより、「もって全ての人が多様性を認め合い、人権が尊重される社会の実現に寄与する」ことを目的とする。

本条例は、七条一項において、「何人も、性別等の違い又は国籍、民族等の異なる人々の文化的違いによる不当な差別的取扱いをすることにより、他人の権利利益を侵害してはならない」とし、性別、国籍、又は文化的違いを理由とした「不当な差別的取扱い」による権利利益の侵害を禁じる。そして、同条二項では、「何人も、公衆に表示する情報について、性別等の違い又は国籍、民族等の異なる文化的違いによる不当な差別を助長することのないよう留意しなければならない」と定める。

一項は、性別、国籍等に基づく差別的取扱いを「してはならない」と、明確に禁止する一方、二項では、公衆に表示する情報について、不当な差別を助長することのないよう「留意しなければならない」とし、公衆に対する情報表示に関しては、明確な禁止規定を設けなかった。これは、公衆に対する情報表示が、一項とは異なり、「表現行為」であるため、こうした表現行為の明確な禁止は、憲法に定めた「表現の自由」に抵触するとの議論を意識しているためと思われる。事実、世田谷区がウェブ上で公開している本条例の解説（http://www.city.setagaya.lg.jp/kurashi/101/167/321/d00160381_d/fil/a.pdf）には、「表現の自由は、憲法で保障された権利として尊重されるべきですが、その一方で、表現される側の人権についても、憲法上の権利として保障されています。そのため、区内の公共の場に表示される広告物等については、性別等の違い又は国籍、民族等の異なる人々の文化的違いによる不当な差別を助長する表現を行わないよう、十分留意していただけるよう、啓発活動を行っていきます」との説明があり、表現の自由との抵触をかなり意識している節がある。結果として、世田谷区は、表現の自由を意識して、「差別的取扱い」は禁じつつも、ヘイトスピーチを直接に禁じる規定は設けなかった。

本条例には、後掲の観音寺市公園条例のような罰則規定はないが、「男女共同参画、他文化共生施策に関する事項について、区長に対し苦情若しくは意見の申立て又は相談をすることができる」と定め（一一条一項）、当該苦情申立等に対処するため、「苦情処理委員会」を置くこととしている（一二条）。また、区長は、区民又は事業者から苦情申立または相談を受けた場合は、速やかに調査等を行い、必要に応じて「適切な措置」を講ずるものとしている（一一条二項）。「適切な措置」の内容については条例には具体例の言及はないが、例えば、ヘイトスピーチに関する苦情申立、相談があった場合に、その抑止のため、ヘイトスピーチが行われた旨やその実行者名を公表したり、区から当該実行者に対し、行政指導として、本条例の趣旨を説明して、ヘイトスピーチを行わないよう提言、勧告を行う、などの措置が想定される。

このような苦情申立と処理の制度を設けた点は、他の条例等にはない特色である。本制度に基づき、どのような苦情がなされ、どのような処理がされるかなど、今後の運用が注目される。

本条例は、差別的取扱いと、ヘイトスピーチを区別し、前者については明確に禁止をしつつ、後者については、あくまで差別を助長しないよう「留意」せよとするにとどまった。その理由は前記のとおり、「表現の自由」との抵触を意識したものと思われる。

ヘイトスピーチ規制の必要性を議論する際には、「表現の自由」との抵触が、必ずと言っていいほど持ち出される。憲法学上、表現の自由は、民主政の過程を支えるものとして重要な権利とされ、その中でも、表現内容に着目した規制は、民主政の過程そのものを破壊するため、民主主義に対する致命傷となりかねない、よって、原則として（規制は）できないという考え方が主流である。

上記の憲法学上の考え方を否定するものではない。しかし、いかなる表現であれ絶対的に保障されるものではないし、表現内容に着目した規制だからと言って、必ず許容されるわけでもない。憲法学上も、通説的見解は、表現内容規制は絶対に不可能であるとしているわけではない。特に、他者の人格を傷つけたり否定するなど、他者の人権に抵触するような内容の表現の規制は、憲法に違反するとはされない（憲法学上、そのような表現は「公共の福祉」に反するものとされる）。事実、表現内容規制として、現行法上も禁止されている表現行為があるし（名誉棄損表現、公然わいせつ等）、これらの規制を撤廃すべきという議論は、いまやほとんど見られない。

言うまでもなくヘイトスピーチは、その対象となった者の人格を否定し、傷つける表現であり、その被害実態は厳然と存在する。法務省が二〇一六年三月に公表した、「ヘイトスピーチに関する聞き取り調査」では、ヘイトスピーチを目の当たりにした人たちが、ヘイトスピーチにより明らかな精神的被害を受けている被害者たちの実態が如実に語られている（本書第1章を参照）。ヘイトスピーチによる具体的被害が現に生じており、憲法で保障された個人の尊厳さえ傷つけられている状況にある。先に上げたとおり、ヘイトスピーチの禁止及び規制は、法的に見て突拍子な議論でもなく、前例のない議論でもない。街中で裸になったり、他者が不快に感じるような性的表現を繰り返す者が公然わいせつ罪で処罰されるのと同じレベルで、ヘイトスピーチを禁止し、処罰することで、ヘイトスピーチによる被害を防止することは、立法事実としての必要性と、憲法上の許容性をいずれも備えていると筆者は考える。

世田谷条例は、差別的取扱いと差別的表現を区別し、前者のみを「禁止」したことから、差別的表現はしてもよい、許されているとの誤った解釈を与えるおそれがある点で、問題があると考える。ヘイトスピーチは、法的に禁止されるべき表現行為であると、堂々と宣言すべきであろう。

（2）国立市

国立市は、二〇一八年一二月、「国立市人権を尊重し多様性を認め合う平和なまちづくり基本条例」を制定し、翌年四月から施行された。

同条例は、「何人も、人種、皮膚の色、民族、国籍、信条、性別、性的指向、性自認、しょうがい、疾病、職業、年齢、被差別部落出身その他経歴等を理由とした差別（以下「不当な差別」という。）を行ってはならない。」と定める（三条一項）。

また、同条二項は、「何人も、いかなる暴力（身体に対する不法な攻撃及びこれに準ずる心身に有害な影響を及ぼす言動をいう。）も行ってはならない。」と定める。「暴力」の定義に、「心身に有害な影響を及ぼす言動」を含めていることから、他者の「心」＝精神に有害な影響を及ぼす、「言」＝表現行為をも禁じていることが明らかにされている。

同条例は前文において、国が制定したヘイトスピーチ解消法に言及していることから、本条例の三条二項が禁止する「暴力」には、ヘイトスピーチ解消法に規定される「不当な差別的言動」（同法四条二項、二条）が当然に含まれていると解される（ヘイトスピーチが、他者の心身に有害な影響を及ぼすものであることは、先に引用した法務省の聞き取り調査結果からも明らかであろう）。そのため、同条例の「暴力」は、物理的な有形力の行使のみを意味する刑法上の「暴行」（刑法二〇八条）よりも広い概念である。

人種差別にとどまらず、性的指向、性自認、疾病、職業、部落出身などのあらゆる差別を禁じたものであること、差別的表現を含むあらゆる「暴力」を禁じたものであるという点で、同条例は、都内の自治体で、初めて、包括的な差別を禁じた条例と評価されている。

一方で、禁止された「暴力」行為を行った者に対する罰則規定はない。また、「暴力」行為を行った者に対して、その抑制のための事前及び事後の具体的対策が規定されているわけでもない。意地悪な言い方をすれば、差別、「暴力」の禁止を宣言しただけであり、その実効性を担保するための規定は設けられていない。差別及び「暴力」をなくすためには、やはり、その実効性を確保するための具体的措置（罰則や勧告等）を、今後充実させていく必要がある。

（3）東京都

二〇一八年一〇月、東京都議会で、「東京都オリンピック憲章にうたわれる人権尊重の理念の実現を目指す条例」が可決、二〇一九年四月より施行された。

本条例は、ＬＧＢＴ差別の禁止（四条）と「本邦外出身者」に対する不当な差別的言動の解消（八条）をうたっている。また、公の施設において不当な差別的言動が行われることを防止するため、公の施設の利用制限について基準を定めるものとするとされている（一一条）。

同条を受けて策定された、同条例「第一一条に規定する公の施設の利用制限に関する基準」（以下、「都基準」）では、「①ヘイトスピーチが行われる蓋然性が高いこと」、「②ヘイトスピーチが行われることに起因して発生する紛争等により、施設の安全な管理に支障が生じる事態が予想されること」の両者を満たす場合には、公の施設（東京都が管理する公園、公民館等の施設）の利用を制限できるものと定めた。

本条例は、都道府県レベルで初めて、ヘイトスピーチ解消のための具体的な施策（ヘイトスピーチ解消法第四条二項）を講じた条例である。また、同法のようないわゆる理念法にとどまらず、一定の要件を満たす場合に、公の施設の利用を制限できるという具体的な規制を盛り込んだ点で一定の評価ができる。

一方で、同条例は、「本邦外出身者」という、解消法で用いられる用語をそのまま流用している。この概念は、本邦外出身者又はその子孫で、本邦に「適法に居住するもの」という条件が付されている（解消法二条）。この条件付けによるなら、不法滞在、不法入国者はヘイトスピーチ解消法が目的とする「不当な差別的言動の解消」の対象にならないとの誤ったメッセージを与えるもので、非常に問題がある。また、日本には、アイヌ民族や琉球民族、そしていわゆる被差別部落出身者など、国内出身の被差別的なマイノリティも存在するにもかかわらず、そして、同人たちに対する不当な差別的言動の解消も当然必要であるにもかかわらず、「本邦外出身者」というこの概念は、同人たちを除外することになってしまう。

　これらの問題点は、解消法施行時から指摘されていたのだが、同条例は、この概念をそのまま条例に取り入れてしまった。

　結果、例えば、「●●国人を日本から追放することを求める国民大集会」という名称の集会申請が不許可になっても、「アイヌ人を日本から追放することを求める国民大集会」は、定義上、同条例の適用対象外になり、施設の利用制限ができないという事例が生じうる。これは決して極端な例ではなく、定義上当てはまらないことによって現実に起こりうる問題である。

　また、同条例は、ＬＧＢＴに対する不当な差別的取扱いについては、明確な禁止規定を設ける（条例四条）一方、「本邦外出身者」に対する不当な差別的取扱いの禁止規定は設けられていない。また、ヘイトスピーチ自体の禁止規定も設けられていない。「表現の自由」を侵害するとの批判を意識したものと思われる。

　さらに、都基準は、「①ヘイトスピーチが行われる蓋然性が高いこと」と、「②ヘイトスピーチが行われることに起因して発生する紛争等により、施設の安全な管理に支障が生じる事態が予想されること」の二つを満たす場合に、利用を不許可にできると定めた。

　この要件②は、泉佐野市民会館の利用不許可に関する最高裁判例（平成七年三月七日第三小法廷判決）が、市民会館の使用を許可しないことができる場合として、「……本件会館における集会の自由を保障することの重要性よりも、本件会館で集会が開かれることによって、人の生命、身体又は財産が侵害され、公共の安全が損なわれる危険を回避し、防止することの必要性が優越する場合をいうものと限定して解すべきであり、その危険性の程度としては……単に危険な事態を生ずる蓋然性があるというだけでは足りず、明らかな差し迫った危険の発生が具体的に予見されることが必要であると解するのが相当である」と判示していることを根拠に、要件②は、憲法上の要請であり、迷惑要件を満たさない状態での利用不許可は憲法違反である、との論に立脚する（他の自治体における条例、ガイドラインにおいても、②に準じた基準が設けられている例は多く、これらはいずれも、上記判例を根拠としたものであると、概ね説明されている）。

　しかし、上記判示部分は、公の施設の利用を不許可にするためには、常に上記のようないわゆる「迷惑要件」を満たす場合でなければならないとしたものではない。泉佐野市民会館利用に関して定めた条例が、利用を不許可にできる場合として、「公の秩序を乱すおそれがある」と定めた規定を限定的に解釈するものとして、上記判示がなされたのである。

　むしろ同判例は、集会用の施設の利用許可に関する一般論として、「集会の用に供される公共施設の管理者は、当該公共施設の種類に応じ、また、その規模、構造、設備等を勘案し、公共施設としての使命を十分達成せしめるよう適正にその管理権を行使すべきであって、これらの点からみて利用を不相当とする事由が認められないにもかかわらずその利用を拒否しうるのは……施設をその集会のために利用させることによって、他の基本的人権が侵害され、公共の福祉が損なわれる危険がある場合に限られるものというべきであり、そのような場合には、その危険を回避し、防止するために、その施設における集会の開催が必要かつ合理的な範囲で制限を受けることがある」と判示し、その趣旨から、条例が定める「公の秩序をみだすおそれがある場合」との一つの要件を限定的に解釈したものである。

ヘイトスピーチは、殺人、集団暴行などのヘイトクライムにつながるおそれを内包するだけでなく、ヘイトスピーチそれ自体が、その対象とされた国籍、民族その他の属性に属する人々に対し、不当な恐怖、劣等感、トラウマなどの具体的な精神的被害を与えるものであり、彼らの尊厳、基本的人権を否定し侵害する行為である。

したがって、ヘイトスピーチが行われ、これによる社会的マイノリティの個人の尊厳（日本国憲法一三条）その他の基本的人権が脅かされる具体的危険がある場合に、それを主題とする集会を不許可とすることは、上記最高裁判例に何ら反するものではない＊。

＊　また、この事件は、施設を利用しようとする集会の主催者グループが、激しい実力行使を行う闘争方針を持っており、これと対立する別のグループとの対立緊張も激化している中で申請されたものであった。もし利用を許可して集会が実施されれば、対立グループが集会場に押しかけ、主催グループも積極的にこれに対抗し、暴力の行使を伴う抗争に発展し、施設や職員、周辺住民などに被害の及ぶおそれが、具体的にかつ明らかに予見される状況であった。最高裁は、ここまで認定した上で、利用不許可処分を合憲・適法と認定したものである。

都基準は、「ヘイトスピーチが行われることに起因して発生する紛争等により、施設の安全な管理に支障が生じる事態が予想されること」と定めるにとどまっており、同判例がいう、「明らかな差し迫った危険の発生が具体的に予見される」場合との文言よりは非常に緩やかではあるが、上記の判例を曲解し、要件①と②を両方とも備えなければならないとした点は問題である。

その結果、同条例は、明らかなヘイトスピーチが行われることが明白であるのに、要件②を満たさないため不許可にできず、公の施設において公然とヘイトスピーチが行われる危険を内包するものである。

なお、東京弁護士会は、二〇一九年三月四日、要件②を要件としないことを求める会長声明を発表している。

（4）観音寺市

香川県観音寺市は、二〇一七年、「観音寺市公園条例」を改正した。本条例は、その名称のとおり、同市内の公園の管理、運営について定めた条例である。

同条例の五条には、次のような規定がある。これは、二〇一七年の改正で追加されたものである。

第五条　公園においては、次に掲げる行為をしてはならない。（略）

(8) 人種、国籍その他の出自を理由とする不当な差別的取扱いを誘発し、又は助長するおそれのある行為をすること前記のとおり、同条例は、市の公園内において、「人種、国籍その他の出自」を理由とする「不当な差別的取扱いを誘発し、又は助長するおそれのある行為」をすることを禁じている。そして、同条に違反して、同条に掲げる行為をした者には、五万円以下の過料に処するとも規定されている（同条例二二条二号）。

同条例は、「不当な差別的取扱い」そのものではなく、これを「誘発」又は「助長」するおそれのある行為をも禁じている。例えば、外国人にのみアパート入居を拒絶するといった行為は「差別的取扱い」に該当するが、公園内において「外国人をアパートに入れるな」、「●●人を観音寺市内に住まわせるな」などと叫ぶだけでは、差別的に取り扱う具体的な対象人物がおらず、その言動に現れる差別的な措置を実施したわけでもないため、差別的「取扱い」と解釈することは難しい。しかし、差別的取扱いを「誘発」又は「助長」するおそれのある行為には該当するため、このような言動をすることも、同条の定める禁止行為に含まれよう。

同条例は、全国で唯一、ヘイトスピーチに対する制裁規定を設けていることも特長である。制裁の内容は五万円以下の「過料」である（二二条二号）。金額も少なく、刑罰ではなく行政罰であるため、制裁としては最も弱い部類に入る。ヘイトスピーチを刑罰化している諸外国の法制に比較すれば、十分な抑止効果は期待できないが、制裁規定を全国で唯一設けている点は特筆できる。

本条例は、差別的取扱いの誘発、助長を禁止しているが、その対象を、「人種、国籍、その他の出自」と規定する。出自とは「出どころ、生まれ」を意味する（『広辞苑』より）。そのため、例えば、

LGBTを差別する言動をしても、本条の「人種、国籍、その他の出自」に当てはまらない（性自認ないし性的指向は、「出自」とは言い難い）。

　また、本条例の規制対象は、あくまで「公園内」であり、公園を一歩出た道路では、本条例は適用されない。そのため、例えば、公園内で「●●人を皆殺しにしろ」と言うことは禁止されるが、そこを一歩出た公道で全く同じことを叫んでも禁止されないという不均衡が生じることになる。

　公園でこのような行為が禁止されるのは、公園利用者に、その差別対象となる人種、国籍又は出自の人がいる可能性を想定していると思われる。また、その対象でなくとも、差別的取り扱いを煽動することが、将来の差別的取り扱いやヘイトクライムに発展するおそれがあることから、これらの行為を禁じたものと思われる。このような規制の必要性は、公園内でも公道でも変わりがないから、公道その他の公の場所におけるヘイトスピーチに対しても、等しく規制を設けるべきである。

　観音寺市は、上記条例の他に、二〇一七年四月、市民会館の整備に伴い、「観音寺まちなか交流駐車場の設置及び管理に関する条例」を制定した。

　同条例では、駐車場内において、「人種等の共通の属性を有する不特定多数の者に対して、当該属性を理由として不当な差別的取り扱いをすることを助長するおそれのある行為」をすることを禁止している（七条二項七号）。これもヘイトスピーチ解消法を受け、駐車場内におけるヘイトスピーチを禁じたものである。

　ただし、前掲の公園条例と異なり、本禁止行為を行った者に対する罰則規定はない。

2　ガイドライン

いくつかの自治体では、条例という立法的措置による規制ではないが、公の施設の利用許可に、ヘイトスピーチ規制の趣旨を盛り込んだ例がある。

本項では、ガイドラインを定めた自治体とその概要を紹介する。

（1）川崎市

川崎市は、二〇一七年一一月九日、「本邦外出身者に対する不当な差別的言動の解消に向けた取組の推進に関する法律に基づく『公の施設』利用許可に関するガイドライン」（以下、「川崎ガイドライン」という。）を策定・公表した（二〇一八年三月三一日に施行）。

在日コリアンの集住地区である川崎市では、かねてより、差別主義・排外主義的団体による、デモ、集会形式でのヘイトスピーチが問題となっていた。その中で、公の施設の利用許可に関するガイドラインの策定は当時、全国的に初めての例であったため、その内容が注目されていた。

川崎ガイドラインは、公の施設の利用許可申請があった場合に、「不当な差別的言動の行われるおそれが客観的な事実に照らして具体的に認められる場合」（いわゆる「言動要件」）で、かつ、「その者等に施設を利用させると他の利用者に著しく迷惑を及ぼす危険のあることが客観的な事実に照らして明白な場合」（いわゆる「迷惑要件」）に限り、公の施設の利用「不許可」と「許可取り消し」ができるものとした。

迷惑要件を必要とすることの問題点については、すでに東京都人権条例の箇所で述べたとおりである。川崎ガイドラインは、「他の利用者に著しく迷惑を及ぼす危険のあることが客観的な事実に照らして明白な場合」に該当するかどうかの判断にあたっては、「その利用によって、他の利用者の生命、身体、自由、名誉若しくは財産が侵害され、公共の安全が損なわれる危険があり、これを回避する必要性が優越する場合に限られなければならない。そして、その危険性の程度としては、単に危険な事態を生じる蓋然性があるというだけでは足りず、明らかな差し迫った危険の発生が具体的に予見されることが必要である。」と説明しており、上記泉佐野市民会館事件最高裁判決を明らかに意識して、迷惑要件を設けていることがわかる。しかし、最高裁判例が、いわゆる迷惑要件を必須の条件として要求しているものではないことは、すでに述べたとおりである。

そもそも、迷惑要件は、施設管理に支障をきたすかどうかという観点から別個に議論されるべきものであり、ヘイトスピーチを規制するかどうかという議論とは角度が全く違う。

そのため、確信的、継続的に差別的言動を繰り返す者らによる集会申請についても、施設の利用を許可せざるを得ず、結果、その集会において、集会参加者から、外国人に対し「ウジ虫、ゴキブリ、日本から出ていけ」との発言がなされた例が発生しており、ヘイトスピーチを防止できていない実例が出てしまっている。

(2) 京都府、京都市のガイドライン

京都府は二〇一八年三月、京都市は二〇一八年六月、それぞれ、公の施設の利用許可に関するガイドライン（以下、それぞれ、「京都府ガイドライン」、「京都市ガイドライン」という）を定めた。

京都府、京都市それぞれの公の施設利用を不許可にできる条件は、次の通りである。

京都府
　次のア又はイのいずれかに該当する場合
ア「不当な差別的言動」が行われることが、客観的な事実に照らし、具体的に明らかに予測される場合
イ「不当な差別的言動」が行われる蓋然性が高いことによる紛争のおそれがあり、施設の管理上支障が生じるとの事態が、客観的な事実に照らし、具体的に明らかに予測され、警察の警備等によってもなお混乱を防止できないことが見込まれるなど特別な事情がある場合

京都市
　次のア又はイのいずれかに該当する場合に使用制限を行う。
ア「不当な差別的言動」が行われることにより、人格権をはじめとする基本的人権を侵害することが、客観的な事実に照らし、具体的に明らかに予測される場合
イ「不当な差別的言動」が行われる蓋然性が高いことによる紛争のおそれがあり、施設の管理上支障が生じるとの事態が、客観的な事実に照らし、具体的に明らかに予測され、警察の警備

等によってもなお混乱を防止できないことが見込まれるなど特別な事情がある場合

ご覧のとおり、京都府・京都市ガイドラインは、川崎ガイドラインや、東京都基準と異なり、いわゆる言論要件と迷惑要件を選択的に規定している。

すでに述べたとおり、ヘイトスピーチを防止すべき必要性と、施設の適切な管理のため、暴力的な紛争等の発生を未然に阻止すべき必要性とは、それぞれ別の観点からその必要性が認められる。そのため、「両者を満たさなければ不許可とすることはできない」という必然性はない（泉佐野市民会館事件の最高裁判例がそのような立場にないことも、すでに述べた）。

その意味で、京都府・京都市ガイドラインの態度は正当である。また、川崎市ガイドラインの所で述べた弊害（明らかなヘイトスピーチが予測されるのに「迷惑要件」を満たさないため不許可にせざるを得ない）は防止できるであろう。

3　その他の取り組み

自治体による条例やガイドライン策定以外にも、ヘイトスピーチの解消のための取り組みは広がっている。

いくつか紹介する。

ア　福山市、尼崎市のネットパトロール

広島県福山市の人権・生涯学習課、兵庫県尼崎市のダイバーシティ推進課では、インターネットパトロールを行い、差別的書込みを見つけ次第、掲示板管理者に削除要請を出すという活動を行っている。二〇一七年度は、両市合わせて二二三八件の削除を要請し、うち一八一三件が削除された。

イ　東京弁護士会人権条例案

東京弁護士会は、各自治体におけるヘイトスピーチ解消のための条例づくりの参考となるよう、「人種差別撤廃モデル条例案」を作成・発表した。法務専門の担当職員がいない小さな自治体でも、本条例を参考として、条例づくりを進めやすくするためのものである。

おわりに

以上、各自治体の条例、ガイドライン、その他の取り組みについて紹介した。

ヘイトスピーチ解消法の制定を受けて、差別解消の取り組みは広がっているが、ヘイトスピーチ規制に関する条例を制定した自治体は、全体からすればまだまだ圧倒的に少数派である。

条例づくりがなかなか進まない原因の一つが、各自治体での「表現の自由」の「神格化」ではないかと思われる（これに対する批判はすでに述べた）。

筆者としては、ヘイトスピーチを規制できないのは、裸体で公道を行進しているのに、立法がないために規制できないようなものと考えている（事後的にも事前にも規制ができない状態にある）。

今後、より多くの地域で条例づくりが進むことが望まれる。

昨今、選挙運動に名を借りたヘイトスピーチがなされたが、選挙運動のため、事実上野放しになったなどの新たな問題も出てきている。これについて法務省人権擁護局は、二〇一九年三月一二日、選挙運動で行われた差別的言動も人権侵犯事件として扱い、人権侵害に当たる差別的言動は調査・救済の対象としていかなければならないとの考えを示した。

これらの新たな問題への取り組みも、今後必要となってくる。ヘイトスピーチ解消の法制化の議論が、より一層進むことが望まれる。

第13章　国際人権法・国際的な活動を用いたヘイトスピーチへの対応

――二〇一六年のヘイトスピーチ解消法制定までの動きを中心に

金　昌浩

ここ数年、「人種差別撤廃条約」や「(国連の)人種差別撤廃委員会」という言葉を目にする機会が増えている。以下の図は、二〇〇〇年から二〇一六年にかけて、朝日、毎日、産経、日経、読売の主要五紙の中で、「人種差別撤廃条約」又は「人種差別撤廃委員会」という用語が用いられている記事数を示しているが、この図からも特に二〇一三年以降、それ以前と比べても高い頻度でこれらの用語が用いられていることがわかる。二〇一六年五月には、本邦外出身者に対する不当な差別的言動の解消に向けた取組の推進に関する法律(以下「ヘイトスピーチ解消法」)が成立したが、この法律の成立に際しても、人種差別撤廃条約を始めとする国際人権条約が大きな役割を果たしてきた。

本章では、在日コリアンの人権問題に取り組むNGOが国際人権法及び国際人権メカニズムを使う意義について述べた後に、ヘイトスピーチに関係する国際人権基準、及び、国際人権規範を実施させていくためのメカニズムについて解説する。その上で、在日コリアン弁護士協会の所属弁護士が、ど

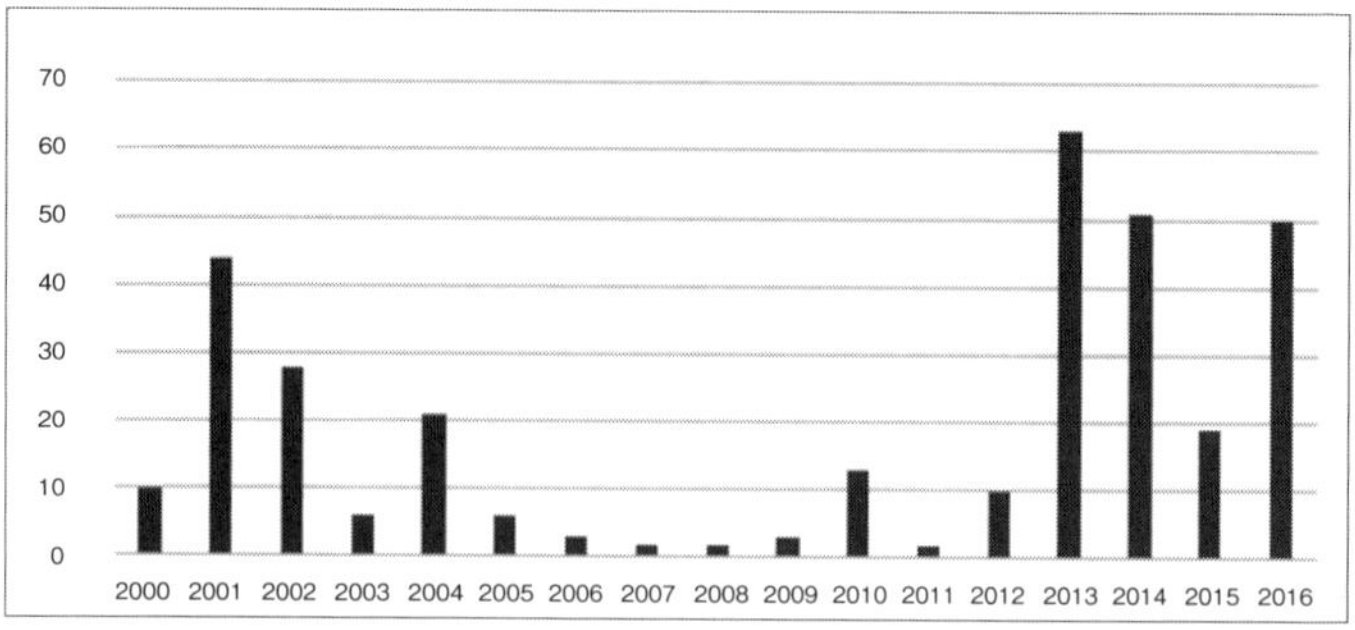

図1　主要五紙において「人種差別撤廃条約」という用語が入った記事数
（筆者作成）

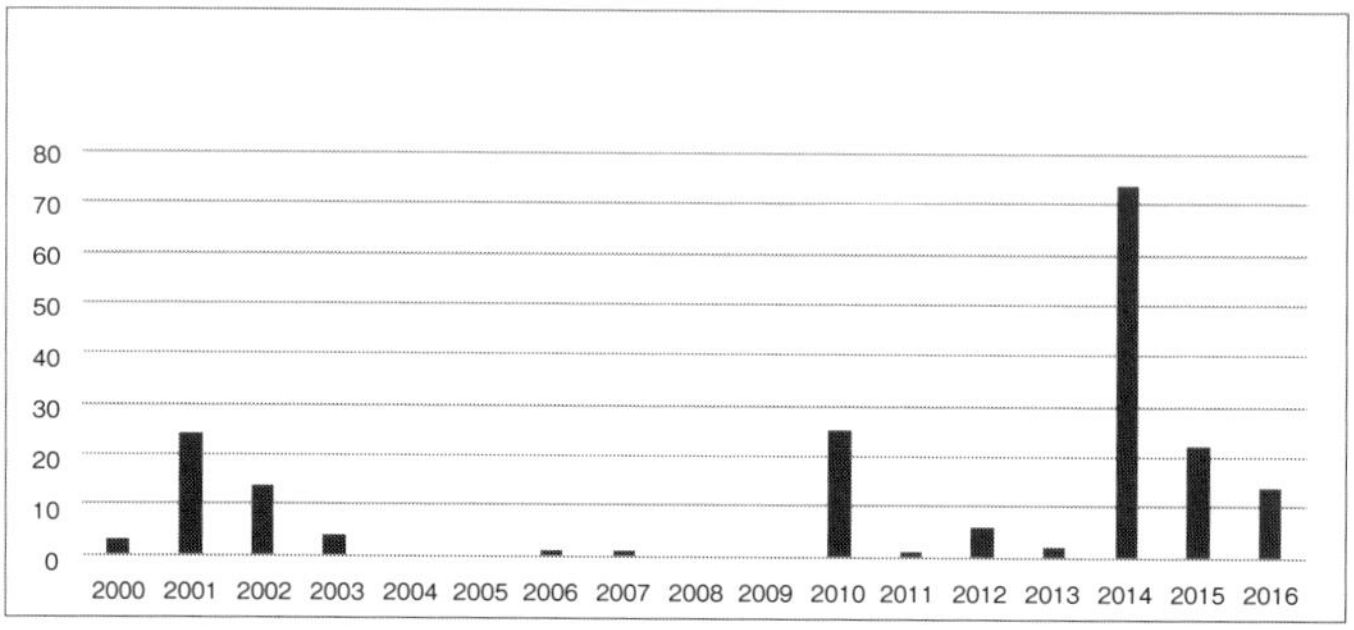

図2　主要五紙において「人種差別撤廃委員会」という用語が入った記事数
（筆者作成）

のように国際人権法を活用してきたかについて説明し、いまなお続く様々な人種差別やヘイトスピーチに対して、今後国際人権法をどのように活用していくべきかについて説明したい。

1　在日コリアンの人権問題に取り組むＮＧＯが国際人権メカニズムを用いる意義

なぜ国内の人権問題を国連を始めとする国際機関や国際社会に訴える必要があるのだろうか。

通常の日本国内の人権問題であれば、当該問題を抱える集団（例えば、女性、障がい者、ＬＧＢＴなど）自らが政府の担当省庁や国会議員に働きかけて政策の実現を促すことも可能であろう。働きかけの際には、人権問題としての重要性をアピールすることも重要であるが、当該問題に取り組むことの政治的見返り（例えば、集団Ａは●万票の支持基盤がある）や、経済的見返り（例えば、集団Ｂに属する人には●兆円の支持基盤があり、これが直接的・間接的な政治献金につながる）を強調することもあろう。

他方で、在日コリアンを始めとする外国人の場合には、こうした日本国内の人権問題を抱える集団とは異なり、政治的見返り・経済的見返りのいずれも持たない。すなわち、定住外国人には、国政参政権・地方参政権のいずれも認められておらず、政治献金も原則として禁止されている（政治資金規正法第二二条の五参照）。また、政府の担当省庁等に問題を訴えかけようとしても、外国人の人権問題や人種差別の問題を専門的に取り組む省庁横断的な組織は存在しない。これは、例えば、女性や障がい者の問題に関しては、内閣府の男女共同参画局や、内閣府の障害者政策委員会など、不十分ではあるものの省庁横断的な対応が図られていることと対照的である。加えて、かつては、政権与党である自民党内にも、野中広務氏等を始めとして、実体験をもとに在日コリアンに対する差別の問題に理解を示す政治家が一定数存在していたが、世代交代に伴い、在日コリアンに対する差別の問題を実体験

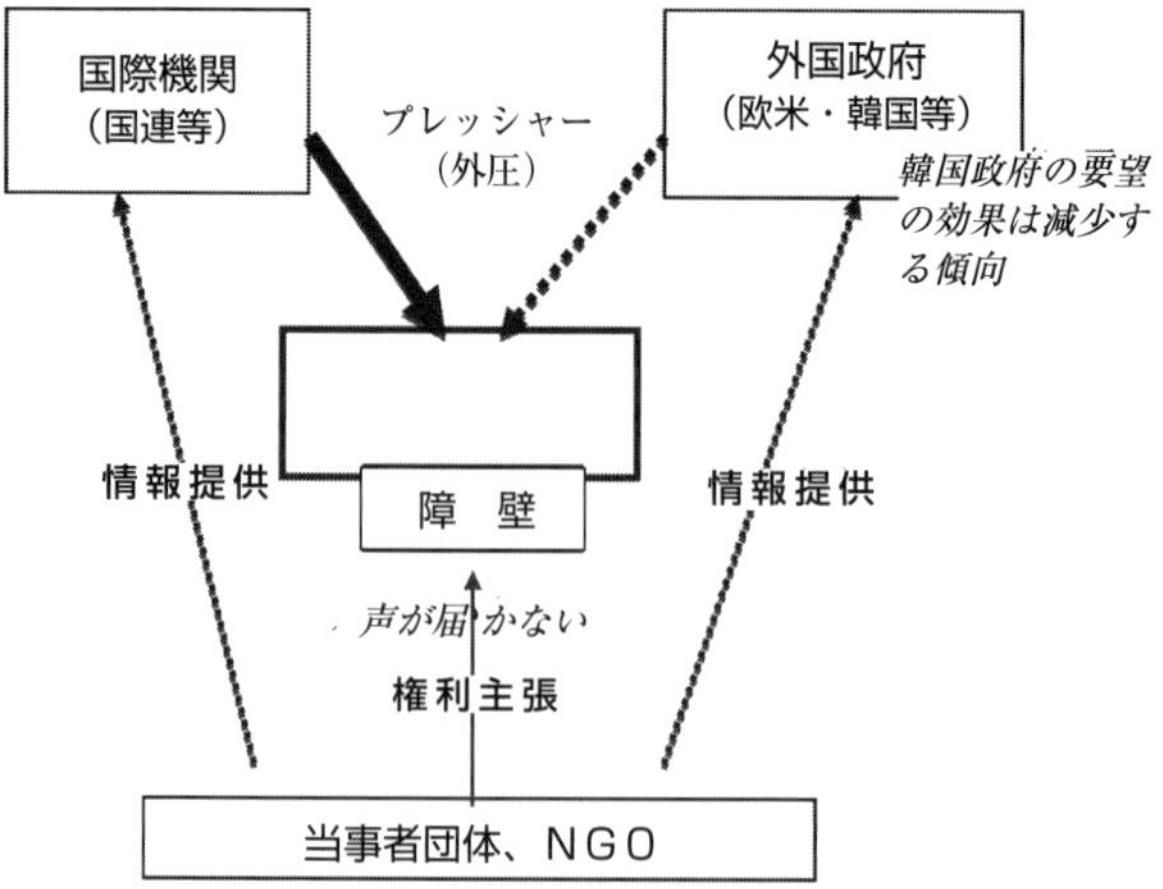

図３　外圧を用いる必要性を示す概念図（筆者作成）

を通じて理解する与党政治家は減少の一途を辿っている。

このように、国内の回路を通じて在日コリアンを始めとする定住外国人の人権問題を訴えることに対する政治的障壁が高くなっている状況だからこそ、在日コリアンの人権問題に取り組むＮＧＯにとっては、国際機関や外国政府に、日本国内の人権問題を訴え、「外圧」により、日本政府の外国人の人権問題に対する施策を改善する必要性が高まっているといえる（「外圧」を用いることの必要性については、図３を参照）。

もともと、歴史的にみても、日本政府の外国人の人権に関する施策は、日本政府の自発的な努力というよりは、「外圧」により改善されてきた面が大きい。例えば、国際世論の圧力により、日本政府が、一九七九年と一九八二年に、国際人権規約（自由権規約及び社会権規約）と難民条約を批准したことは、各種社会保障分野の国籍条項の廃止につながった。

また、「外圧」には、国連を始めとする国際機関からの圧力と、外国政府を通じた圧力が考えられる。例えば、在日コリアンの人権問題に関しては、一九九〇年代の指紋押捺制度の撤廃や在日コリアンの在留資格の特別永住資格への統合など、在日コリアンの要求を受けた韓国政府の要望が一定の役割を果たした例がある。しかし、特に二〇〇〇年代後半以降の日韓関係の悪化に伴い、在日コリアンの人権問題に関して、韓国政府の日本政府に対する要求が果たす役割はますます小さくなっている。そのため、在日コリアンの問題に取り組むＮＧＯにとっては、国際機関、特に、国連の人権機関を通じたアドボカシー（政策提言）の必要性が高まっているといえる。次項では、国連の人権メカニズムについて概要を説明した後、ヘイトスピーチの問題に関連して、どのような国際人権基準が存在し、それを在日コリアンを始めとする日本の市民社会がどのように活用してきたかについて述べる。

2　国連の人権メカニズムの概説及びヘイトスピーチをめぐる国際人権基準

（1）国連の人権メカニズムの概説

国連の人権メカニズムは、人権条約機関によるものと、人権理事会の下での手続の二つに分けられる。

(i) 人権条約機関

人権条約機関は、国連で採択された人権に関する条約に基づいて設置される機関である。日本政府は、自由権規約、社会権規約、人種差別撤廃条約、拷問等禁止条約、障害者権利条約、女性差別撤廃条約、子どもの権利条約、強制失踪防止条約に加入している。

国内の法律に違反した場合には、裁判所に訴えることで救済を得ることができるが、今の世界には、人権に関する条約に違反があった場合に救済手段を提供する世界人権裁判所というものは存在しない。そのため、人権条約は、条約が守られているかをモニタリングするため、締約国の人権条約の履行状況を監視するために各国の人権専門家から構成される人権条約機関を設けている。例えば、人種差別撤廃条約においては、人権条約機関として人種差別撤廃委員会が設置されている。同委員会は、一八名の委員から構成され、ジェンダーバランスや、地域バランスを考慮して選ばれている。なお、委員は自分の国の審査には参加できない。例えば、本稿執筆時点で、日本政府から推薦されて人種差別撤廃委員会の委員に選出された洪恵子氏は、人種差別撤廃委員会による日本政府の審査に関与することはできない。

条約審査の流れについては、図4に概要をまとめている。

条約上、締約国は、定期的に、人権条約機関に対して報告書を提出することが求められている。条約によって手続に違いはあるが、報告書を受けて条約機関から事前に提出された質問事項に対して締約国はさらに追加で回答を提出する。その上で、数年毎に各条約機関と、締約国の代表との間で、条約の履行状況についての対話が行われる（対話は条約機関の委員の質問に対して締約国が回答するという方式で進行する）。また、条約機関による対話に先立って、NGOも条約の履行状況について情報提供を行うことができる。日本政府に限らず、締約国の報告書には、自国の人権侵害状況がどのように改善したかについての記載が多く、人権侵害の状況については記載が薄い場合が多いため、条約機関の

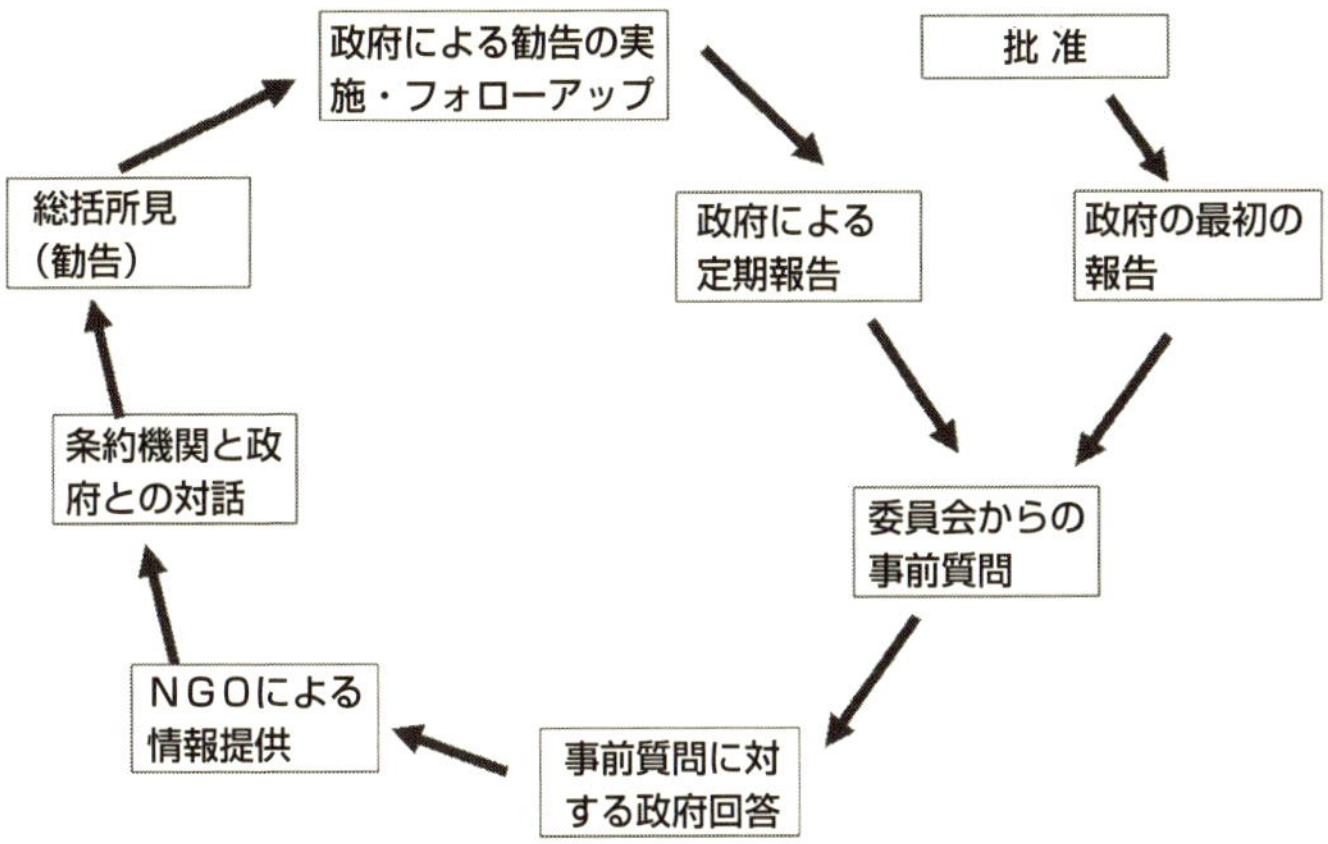

図４　条約審査の流れ（条約機関毎に違いあり）（筆者作成）

委員の多くは、人権侵害の状況に関する情報を提供するＮＧＯの報告書を重視している。また、ＮＧＯは、対話が行われるジュネーブに行き、条約機関と政府との対話に先立って、条約機関の委員に対してロビー活動を行い、情報提供することも可能である。条約機関と、締約国の代表との間で対話を終えた後に、条約機関は、「総括所見」という文書を公表する。総括所見には、当該国のその回の報告書審査の総括として、肯定的な側面のほか、主要な懸念事項及び勧告が、当事国に提示される。

日本政府の条約審査の結果、及び、次回どの人権条約についての審査を受けるかについては、国連人権高等弁務官事務所のホームページを見れば確認することができる。自由権規約委員会においては、一九九八年、二〇〇八年、二〇一四年に、人種差別撤廃条約に関しては、二〇〇一年、二〇一〇年、二〇一四年、二〇一八年に、それぞれ日本政府に対する審査が行われている。

この他、人権諸条約には、各条約において定められた権利の侵害の被害者と主張する個人等が、条約に基づき設置された委員会に通報し、委員会はこれを検討の上、見解又は勧告を各締約国等に通知する制度（個人通報制度）が設けられているが、日本政府はいずれの条約においても個人通報制度に加入していない。

(ii) 国連人権理事会

国連人権理事会の下で定められた国連の人権メカニズムには、普遍的定期的審査（ＵＰＲ）という制度と、国連特別報告者の制度がある。

(a) 普遍的定期的審査（ＵＰＲ）

ＵＰＲとは国連における人権理事会の創設に伴い、国連に加盟する一九三カ国すべての国の人権状況を普遍的に審査する枠組みとして盛り込まれた制度である。四年に一回行われる審査の場では、事前に発言申請を行った国から審査対象国の人権問題に対して様々な勧告が出される。条約機関の場合は国から独立した専門家による審査が行われるが、ＵＰＲの場合は、国同士が審査を行う。そのため、勧告の中身には外交的要素が入ったり、自分の国においても人権問題を抱えている国の場合には、似たようなテーマの人権問題については勧告を控えるといった傾向も見られる。

ＵＰＲの審査に先立って、審査を受ける政府の提供する情報、国連が過去の条約機関の勧告等をまとめた情報、ＮＧＯ提供情報が事前情報として提供される。日本に対しては二〇〇八年に第一回審査が行われ、二〇一二年に行われた第二回UPR審査では、七九カ国から、一七四の勧告が出された。また、二〇一七年一一月に行われた第三回UPR審査では、一〇六カ国から、二一七の勧告が出された。審査に際しては、NGOも報告書を提出することが可能であり、第二回の審査では、合計三〇のNGO報告書（うち一二は共同報告書）、第三回の審査では、計三四のNGO報告書（うち一一は共同報告書）が提出されている。

UPRにおいて審査を受けた国は、勧告を受け入れるかどうかについて見解を表明する機会が与えられる。二〇一七年にUPRにおいて人種差別に関連して日本政府に対して出された勧告、及び、これに対する日本政府の意見表明については別紙資料を参照されたい。

(b) 国連特別報告者

特定の国の人権状況あるいは特定の人権に関わるテーマについて、調査や監視を行い、勧告や報告書の公表を行う人権理事会で定められたメカニズムである。特別手続のために任命される独立した専門家を特別報告者と呼ぶ。本稿執筆日現在は一二の国・地域に関する特別報告者と、四四の人権テーマに関する特別報告者が任命されている。

特別報告者は、各国から招聘を受けて、任務に関する調査、監視のために各国を訪問することができる。訪問を行った特別報告者は、訪問に関する報告書を公表し、その中で勧告という形で人権状況を改善するよう求める。人種差別に関しては、例えば、移民の人権に関する特別報告者（二〇一〇年）や、人種差別に関する特別報告者（二〇〇五年）が来日して報告書を公表したことがある。

（2）ヘイトスピーチをめぐる国際人権基準

日本が批准している主要な人権条約の中では、自由権規約[*1]と人種差別撤廃条約[*2]の中に、ヘイトスピーチに関する規定がある。

(i) 自由権規約

自由権規約は、二〇条二項において、以下のとおり規定する。

差別、敵意又は暴力の扇動となる国民的、人種的又は宗教的憎悪の唱道は、法律で禁止する

自由権の分野の専門家一八名により構成される自由権規約委員会は、自由権規約二〇条二項の解釈指針として、一般的意見一一を公表しており、以下にその一部を抜粋する。

＊1 自由権規約は、一九六六年の国連総会で採択された国際人権規約の一つであり、身体の自由と安全、移動の自由、思想・良心の自由、差別の禁止、法の下の平等などの市民的・政治的権利（自由権）を保障している。日本は、一九七九年に自由権規約を批准しているが、個人が、国連の自由権規約委員会に直接救済を求めることができる個人通報制度について規定した第一選択議定書は批准していない。

＊2 人種差別撤廃条約は、一九六五年の国連総会において採択され（発効は一九六九年）、あらゆる形態の人種差別を撤廃する政策等を、すべての適当な方法により遅滞なくとることなどを主な内容とする。日本は、一九九五年に批准している。

規約第二〇条は、戦争のためのいかなる宣伝も、そして、差別、敵意又は暴力の扇動となる国民的、人種的又は宗教的憎悪のいかなる唱道も、法律で禁止する、としている。委員会の意見では、ここで要求されている禁止は、一九条の表現の自由の権利と完全に両立するのであり、表現の自由の権利の行使には特別の義務と責任を伴うのである。（中略）二項は、差別、敵意又は暴力の扇動となる国民的、人種的又は宗教的憎悪のあらゆる唱導にも向けられたものであるが、これらの宣伝又は唱導の目的が関係国にとって対内的なものであるか対外的なものであるかを問わない。（中略）二〇条が十分実効性を有するようになるためには、そこで規定された宣伝及び唱導が公序に反することを明確にし、かつ、侵害の場合に適切な制裁を定める法律が存在しなくてはならない。したがって、委員会は、まだこれを行っていない締約国は、二〇条の義務を履行するために必要な措置を採るとともに、自らそのような宣伝又は唱導を行わないようにすべきであると考える。（傍点筆者）

日本においては、ヘイトスピーチに対する規制を検討する際に、規制消極派の立場から表現の自由が持ち出されることが多いが、自由権規約委員会の見解としては、「差別、敵意又は暴力の扇動となる国民的、人種的又は宗教的憎悪の唱道の禁止」は、自由権規約一九条の定める表現の自由の権利と完全に両立すること、及び、かかる憎悪の唱道に対する適切な制裁を定める法律の制定が求められていることに留意する必要がある。

(ii) 人種差別撤廃条約

人種差別撤廃条約は、あらゆる形態の人種差別を撤廃するために様々な規定を設けているが、ヘイトスピーチに関しては、四条に以下の規定がある。

締約国は、一の人種の優越性若しくは一の皮膚の色若しくは種族的出身の人の集団の優越性の思想若しくは理論に基づくあらゆる宣伝及び団体又は人種的憎悪及び人種差別（形態のいかんを問わない。）を正当化し若しくは助長することを企てるあらゆる宣伝及び団体を非難し、また、このような差別のあらゆる扇動又は行為を根絶することを目的とする迅速かつ積極的な措置をとることを約束する。このため、締約国は、世界人権宣言に具現された原則及び次条に明示的に定める権利に十分な考慮を払って、特に次のことを行う。

（a）人種的優越又は憎悪に基づく思想のあらゆる流布、人種差別の扇動、いかなる人種若しくは皮膚の色若しくは種族的出身を異にする人の集団に対するものであるかを問わずすべての暴力行為又はその行為の扇動及び人種主義に基づく活動に対する資金援助を含むいかなる援助の提供も、法律で処罰すべき犯罪であることを宣言すること。

（b）人種差別を助長し及び扇動する団体及び組織的宣伝活動その他のすべての宣伝活動を違法であるとして禁止するものとし、このような団体又は活動への参加が法律で処罰すべき犯罪であることを認めること。

（c）国又は地方の公の当局又は機関が人種差別を助長し又は扇動することを認めないこと。

（傍点筆者）

人種差別問題の専門家一八名により構成される人種差別撤廃委員会は、二〇一三年に「人種主義的ヘイトスピーチと闘う」と題する一般的勧告を公表している。[＊3] その内容は多岐にわたるが、「人種主義的ヘイトスピーチはその後の大規模な人権侵害およびジェノサイドにつながってゆくこと」（パラグラフ3）、「ヘイトスピーチへの最低限の対応策として、人種差別を禁止する、民法、行政法、刑法にまたがる、包括立法の制定が必要であること」（パラグラフ9）、「人種主義的表現形態を犯罪とするにあたっては重大なものに留めるべきであり、比較的重大でない事例に対しては、刑法以外の措置で対処すべきであること」（パラグラフ12）、ヘイトスピーチを法律で処罰する際に考慮するべき要素（パラグラフ15）、「四条に対する留保が維持されている場合、締約国は、なぜその留保が必要と考えるのか、留保の性質と範囲、国内法および政策への正確な影響および一定の時間枠で留保を撤回または制限する計画に関する情報を提供することが要請されること」（パラグラフ23）などが記載されている。

ただし、日本政府は、四条の(a)と(b)に関して、「日本国憲法の下における集会、結社及び表現の自由その他の権利の保障と抵触しない限度において、これらの規定に基づく義務を履行する」との留保を付している（人種差別撤廃委員会から「留保」を撤回する旨の勧告が繰り返し出されていることについて

＊3　人種差別撤廃委員会による一般的勧告三五の日本語訳については、ヒューライツ大阪の以下のＨＰを参照。http://www.hurights.or.jp/archives/opinion/2013/11/post-9.html

は、次節「ヘイトスピーチ撤廃に向けた日本の市民社会の国連における活動」を参照)。

(iii) 世界のヘイトスピーチ規制の状況

前述の自由権規約及び人種差別撤廃条約の規定の内容を踏まえ、EU加盟国を始め、世界の多くの国ではヘイトスピーチに対して、刑事規制を含めた規制が設けられている。ただし、アメリカは、自由権規約一九条及び人種差別撤廃条約四条に留保を付しており、不特定多数を対象とするヘイトスピーチについては、刑事規制の対象にしていない(ただし、アメリカにおいては、市民権法の下特定人に対する人種差別行為が広く禁止されている他、多くの州の刑法で特定人・特定団体を対象とした差別的言動については、ヘイトクライムとして刑罰が加重される規定が設けられているなど、日本と比較すると、差別を禁止する法制度が整備されている点に留意する必要がある)。[*4]

＊4　ヘイトスピーチ規制の比較法研究については、近年多数の業績があるが、網羅的な研究として、前田朗『ヘイト・スピーチ法研究序説　差別煽動犯罪の刑法学』(三一書房、二〇一五年)を参照。なお、アメリカのヘイトクライム規制については、金昌浩「アメリカにおけるヘイトクライム規制」(在日コリアン弁護士協会(編)『ヘイトスピーチはどこまで規制できるか』〔影書房、二〇一六年〕収録)

3　ヘイトスピーチ撤廃に向けた日本の市民社会の国連における活動
――二〇一六年のヘイトスピーチ解消法制定までの活動を中心に

二〇一三年初冬以降、在特会を始めとする排外主義団体が、大阪の鶴橋や東京の新大久保などのコリアタウンにおいて、「在日韓国人を皆殺しにしろ」「ゴキブリ朝鮮人」等のヘイトスピーチを撒き散らすデモ・街宣を繰り返す中、在日コリアン及び日本国内における人種差別の問題に取り組む市民にとって、ヘイトスピーチに対する対応が喫緊の課題となった。

この点、国内においても、市民のカウンター活動や、有田芳生参議院議員を始めとする有志国会議員によるヘイトスピーチに対抗する動きが見られたが、これと並行して、市民社会においては、国連にこの問題を訴えるための活動が進められた。以下では、二〇一一六年のヘイトスピーチ解消法制定までの市民社会の活動、とりわけ、自由権規約委員会の審査、人種差別撤廃委員会の審査、及びその他の国連関係の動きについて説明する。

(1) 自由権規約委員会の審査（二〇一四年七月）

自由権規約委員会においては、報告制度の下での委員会の審査が、リストオブイシューズと呼ばれる質問リストに沿って行われるため、市民社会からは、ヘイトスピーチの問題を質問リストに乗せるための働きかけがまず行われた。

具体的には、日本国内における人種差別の問題に共同で取り組むNGOのネットワークである、ERD－Net及び反差別国際運動（IMADR）が、二〇一三年一〇月から一一月にかけて開催された自由権規約委員会に対して、日本のヘイトスピーチ問題についてのNGO共同レポートを提出し、これを受けて、二〇一三年一一月に自由権規約委員会から公表されたリストオブイシューズの中には、「特に韓国人やレズビアン、ゲイ、バイセクシャル、トランスジェンダーといった特定の集団を標的とした憎悪や差別を扇動する声明やスピーチへの対処のために締約国が取った措置につき情報提供願いたい。また、人種的優越性プロパガンダの流布や、「日本人のみ」といったビジネス指定及び部落民の否定的な固定観念に対処するために行われた努力にかかる情報を提供願いたい」との質問項目が盛り込まれた。

この質問事項に対して、日本政府は、二〇一四年三月六日付で回答を出したが、その中身は、「法務省の人権擁護機関では、『外国人の人権を尊重しよう』（略）を啓発活動の年間強調事項として掲げ（略）啓発活動を実施するとともに、個別具体的な人権侵害の被害の申告等があれば、調査を行い、事案に応じた適切な措置を講じる」、「近時、デモ等において、特定の国籍の外国人を排斥する趣旨の言動が行われていることを踏まえ、各種研修等において『外国人の人権』を取り上げる機会を増やすとともに、インターネットバナー広告、ポスター及びリーフレットの作成・配布など、効果的な啓発を実施していく」など、現行の不十分な啓発活動の実施の説明にとどまった。

引き続き、日本の市民社会からは、二〇一四年七月に行われる自由権規約の本審査に向けて、ヘイトスピーチに関する追加情報を提供した。ここでは、ERD－Net及び反差別国際運動（IMAD

R）に加えて、ヒューマンライツ・ナウからも報告書が提出され、NGOの報告書においては、ヘイトスピーチの実態の報告と、ヘイトスピーチ規制の導入を自由権規約委員会から勧告していただきたいとの内容が盛り込まれている。また、日本の市民社会からは、ERD－Netの関係者が二〇一四年七月の本審査に立ち会い、適宜委員に対して情報提供を行った。

二〇一四年七月の自由権規約委員会の本審査では、イスラエル出身のシャニー議員から二回に渡ってヘイトスピーチに関する質問がなされた。具体的には、①ヘイトスピーチや人種差別スピーチに関する立法を採択することを日本政府は検討しているのか、②日本は反差別法の制定という立法措置を検討しているのか、③表現の自由を理由に、刑法によっても民法によっても規制されていないヘイトスピーチはどのようなものであっても罰せられずに済むのかといった質問がなされた。

これに対して、日本政府代表団からは、法務省を通じて、外国人に対する偏見や差別の解消を目指して啓発に取り組んでいきたい旨が回答され、民法上の不法行為にも刑事罰の対象にもならない行為に対する規制については、憲法が保障する表現の自由との関係で難しい問題があるとの回答がなされたにとどまった。

自由権規約委員会は、二〇一四年八月に公表した総括所見において、ヘイトスピーチに関して以下のような懸念を表明し、勧告を出した。

ヘイトスピーチ及び人種差別

12　委員会は、韓国・朝鮮人、中国人、部落民といったマイノリティ集団のメンバーに対する憎悪や差別を煽り立てている人種差別的言動の広がり、そして、こうした行為に刑法及び民法上の十分な保護措置がとられていないことについて、懸念を表明する。委員会は、当局の許可を受けている過激派デモの数の多さや、外国人生徒を含むマイノリティに対し行われる嫌がらせや暴力、そして「Japanese only」などの張り紙が民間施設に公然と掲示されていることについても懸念を表明する。

締約国は、差別、敵意、暴力を煽り立てる人種的優位性や憎悪を唱道する全てのプロパガンダを禁止すべきである。また、こうしたプロパガンダを広めようとするデモを禁止すべきである。締約国はまた、人種差別に対する啓発活動に十分な資源を割り振り、裁判官、検察官、警察官が憎悪や人種差別的な動機に基づく犯罪を発見するよう研修を行うようにすべく、更なる努力を払うべきである。締約国はまた、人種差別的な攻撃を防止し、容疑者らを徹底的に捜査・訴追し、有罪の場合には適切な処罰がなされるよう必要な全ての措置を取るべきである。

（2）人種差別撤廃委員会の審査（二〇一四年八月）

在日コリアン当事者団体を始めとする日本の市民社会は、二〇一四年八月に行われる人種差別撤廃委員会による日本政府の報告書審査において、ヘイトスピーチの問題について日本政府に対して踏み込んだ勧告が出されるよう情報提供を行った。

ヘイトスピーチの問題に関しては、ＥＲＤ－Ｎｅｔ及び反差別国際運動（ＩＭＡＤＲ）、民団、在日コリアン弁護士協会（LAZAK）等が詳細なNGO報告書を八月の審査の前に提出している。[*5] また、NGOレポートを提出した各団体がジュネーブの本審査を傍聴し、委員に対して現地でも追加の情報提供及びブリーフィングを行っている。[*6]

二〇一四年八月の本審査では、一八人の委員のうち、五人の委員が日本政府のヘイトスピーチ対策を批判した。委員からは、マイノリティ集団に対する暴力の扇動は「表現の自由」として保護されるべきではなく、犯罪とすることが条約上要請されているにもかかわらず、警察がヘイトスピーチを行う人種差別主義者を守っていることに驚きと懸念が表明された。

これを受けて、人種差別撤廃委員会が、二〇一四年九月二六日に出した総括所見においては、ヘイトスピーチに関して以下のような勧告が盛り込まれた。

法の条約第四条の適合性

10　委員会は、条約第四条(a)及び(b)に関する締約国の留保の撤回あるいは範囲の縮小のための委員

＊5　英語のレポートについては、以下の国連人種差別撤廃委員会のウェブサイトから見ることができる。http://tbinternet.ohchr.org/_layouts/TreatyBodyExternal/Countries.aspx?CountryCode=JPN&Lang=EN
なお、在日コリアン弁護士協会は、ヘイトスピーチの問題以外にも、在日コリアンの公務就任権の制限、朝鮮学校の無償化除外、在日コリアンの無年金問題についても、報告書において言及している。

＊6　NGOの参加者リスト及びNGOによる活動の概要については、『レイシズム　ヘイト・スピーチと闘う――二〇一四年人種差別撤廃委員会の日本審査とNGOの取り組み』（反差別国際運動日本委員会（編）、解放出版社、二〇一五年）に紹介されている。

会の勧告に関する、締約国の立場及び提供された理由に留意するものの、留保を維持するとする締約国の決定を遺憾に思う。委員会は、人種差別的思想の流布あるいは表現が、刑法上の名誉毀損及び他の犯罪を構成し得ることに留意するものの、締約国の法制が条約第四条の全ての規定を完全に遵守していないことを懸念する（第四条）。

委員会は、締約国に対し、その立場を再び見直し、第四条(a)及び(b)に対する留保の撤回を検討することを奨励する。人種差別的ヘイトスピーチへの対処に関する委員会の一般的勧告一五（一九九三年）及び三五（二〇一三年）を想起し、委員会は、締約国が、第四条の規定を実施するために、法の改正、とりわけ刑法を改正するための適切な措置をとることを勧告する。（傍線筆者）

ヘイトスピーチ及びヘイトクライム

11　委員会は、締約国内において、外国人やマイノリティ、とりわけ韓国・朝鮮人に対し、人種差別的デモ・集会を行う右翼運動や団体により、差し迫った暴力の扇動を含むヘイトスピーチが広がっているという報告を懸念する。また、委員会は公人や政治家による発言が、ヘイトスピーチや憎悪の扇動になっているという報告にも懸念する。委員会は、ヘイトスピーチの広がりや、デモ・集会やインターネットを含むメディアにおける人種差別的暴力と憎悪の扇動の広がりについても懸念する。さらに、委員会は、これらの行動が必ずしも適切に捜査及び起訴されていないことを懸念する（第四条）。

人種差別的ヘイトスピーチへの対処に関する一般的勧告三五（二〇一三年）を想起し、委員会は、人種差別的スピーチを監視し対処する措置は、抗議の表現を奪う口実として使われるべきではないことを想起する。しかしながら、委員会は、締約国に人種差別的ヘイトスピーチやヘイトクライムから保護する必要のある社会的弱者の権利を擁護する重要性を喚起する。それゆえ、委員会は、締約国に以下の適切な措置をとるよう勧告する。

(a) 憎悪及び人種差別の表明、デモ・集会における人種差別的暴力及び憎悪の扇動にしっかりと対処すること。

(b) インターネットを含むメディアにおいて、ヘイトスピーチに対処する適切な措置をとること。

(c) そのような行動について責任ある個人や団体を捜査し、必要な場合には、起訴すること。

(d) ヘイトスピーチを広めたり、憎悪を扇動した公人や政治家に対して適切な制裁措置をとることを追求すること。

(e) 人種差別につながる偏見に対処し、また国家間及び人種的あるいは民族的団体間の理解、寛容、友情を促進するため、人種差別的ヘイトスピーチの原因に対処し、教授法、教育、文化及び情報に関する措置を強化すること。（傍線筆者）

ヘイトスピーチ規制においてはマイノリティ集団の権利保護が重要であることを注意喚起している点、第四条の留保の撤回とヘイトスピーチに対する刑事規制の導入の検討を求めている点、インターネットを含むメディアにおけるヘイトスピーチへの対応を促している点、ヘイトスピーチを広める公人や政治家に対する厳しい制裁の必要性を説いている点、ヘイトスピーチの根本原因に対処するための教育の重要性を説いている点など、人種差別撤廃委員会の勧告は日本におけるヘイトスピーチへの取り組みの具体的な方向性を示すものとなっている。

4　二〇一四年の自由権規約委員会及び人種差別撤廃委員会の勧告を受けての動き

自由権規約委員会及び人種差別撤廃委員会からの日本政府に対する勧告は、国際人権法の専門家により示された判断として重要であるが、日本政府が勧告に従わなかった場合に、勧告の内容を強制させることはできない。

そのため、条約機関からの勧告が国内においてどの程度実現されるかは、その後の市民社会でのフォローアップや、メディアでの取り上げ方、政治家や官僚の受け止め方等によって大きく左右される。

(1)　メディアの反応

二〇一四年度の自由権規約委員会及び人種差別撤廃委員会は、二〇〇八年及び二〇一〇年の前回審査に比べると既存メディア及び Facebook や Twitter などの新しいメディアの双方から注目を集めたといえるだろう。

そもそも、二〇〇八年及び二〇一〇年の審査の際には、自由権規約委員会及び人種差別撤廃委員会の審査の様子はライブ配信されていなかったが、今回の審査では、いずれもライブ配信されており、Facebook や Twitter 上でも、審査の様子がリアルタイムで実況されていた。また、委員の質問の様子が、一部のサイトで録画されており、これを事後的に確認するということも、前回の審査に比べて容易だったといえる。

また、日本におけるヘイトスピーチへの社会的関心が徐々に高まっていたこともあり、国内外の既存メディアも国際的な人権条約機関の勧告の情報をニュースとして流すタイミングを探っていたともいえるだろう。二一四頁の図に示すように、二〇一四年度には、人種差別撤廃委員会という用語が、主要五紙だけでも七四回も用いられているが、これは、人種差別撤廃委員会の前回審査である二〇一〇年度の二五回のおよそ三倍にあたる。

(2) 国内政治への影響

(i) 地方自治体レベルでの影響

二〇一四年に国連の条約機関から出されたヘイトスピーチの勧告は、地方自治体の意見書採択運動という形をとって、地方自治体レベルで政治に影響を与えた。

国会に対してヘイトスピーチを禁止する法律の制定を求めるという意見書が、二〇一四年九月一九日の東京都国立市議会で採択されると、こうした動きは急速に全国に広まった。ヘイトスピーチ解消法が成立する前の二〇一六年四月一一日時点では、二五の都道府県議会を含む三二八地方議会で意見書が採択されたとされる（在日本大韓民国民団中央本部調べ）。

以下に、記載した国立市で採択された意見書の例に見られるように、地方議会で採択された意見書の大部分が、国連の人種差別撤廃委員会からの勧告に言及している。このことは、国連からの勧告が、地方議会の意見書の採択に間接的につながったことを示しているといえる。

国立市

「ヘイトスピーチを含む人種及び社会的マイノリティーへの差別を禁止する法整備を求める意見書」

国連人種差別撤廃委員会は八月二九日、日本政府に対して、ヘイトスピーチ（憎悪表現）問題に「毅然《きぜん》と対処」し、法律で規制するよう勧告する「最終見解」を公表しました。

日本が一九九五年に加入した「人種差別撤廃条約」では、参加国で差別が行われていないか、一定の期間を置きながら、国連の人権差別撤廃委員会が審査してきました。

今回の「最終見解」は、日本への審査の総括として、同委員会が八月二九日に採択したものです。最終見解は、日本のヘイトスピーチの状況にも言及しており、特に在日韓国・朝鮮人（コリアン）への人種差別的デモ・集会をする団体によるヘイトスピーチの蔓延や、政治家・公人によるヘイトスピーチが報告されたことや、メディアでのヘイトスピーチの広がりなどについて、懸念が表明されています。さらに、そうした行為が適切に捜査・起訴されていないことも、懸念点だとしています。

こうした懸念状況に対して、最終見解は、ヘイトスピーチを規制するための措置が、抗議する権利を奪う口実になってはならないと指摘するとともに、「弱者がヘイトスピーチやヘイトクライムから身を守る権利」を再認識するよう指摘しました。

そして、人種及び社会的マイノリティーへの差別的な表明や差別的暴力に断固として取り組むことや、メディアのヘイトスピーチと闘うため適切な手段をとること、そうした行為に責任のある個人・団体を訴追したり、ヘイトスピーチをする政治家・公人に制裁を科すことなどを、政府に勧告しています。

一刻も早く人種差別撤廃委員会の三一項目の勧告を誠実に受けとめ、ヘイトスピーチを含む人種及び社会的マイノリティーへの差別を禁止する新たな法整備がなされることを、国立市議会として強く求めます。

以上、地方自治法第九九条の規定により意見書を提出するものである。

(ii) 国政レベルでの影響

人種差別撤廃委員会及び自由権規約委員会の勧告、及び、メディアのこれらの条約機関の勧告に対する高い関心は、国政レベルでも政治に対して一定の影響を与えたといえるだ。すなわち、二〇一四年八月には自民党において、九月には公明党において、それぞれ、ヘイトスピーチ対策プロジェクトチームが作られているが、両条約機関からの勧告がなければ、プロジェクトチームがこの時期に作られることはなかったであろう。

また、法務省は、二〇一五年三月から、「ヘイトスピーチ、許さない」と呼ばれる広告の掲示を行うなどヘイトスピーチの解消に向けた啓発活動を強化しているが、こうした啓発活動には自由権規約委員会及び人種差別撤廃委員会の勧告が直接的・間接的に影響しているだろう。実際、法務省の「ヘイトスピーチに焦点を当てた啓発活動」というウェブサイトでは、「近時、このヘイトスピーチが、マスメディアやインターネット等で大きく報道されるなど、更に社会的な関心が高まっている上、平成二六年七月の国連自由権規約委員会による日本政府報告審査における最終見解及び同年八月の国連人種差別撤廃委員会による同審査における最終見解で、政府に対してヘイトスピーチへの対処が勧告されています。」として、両条約機関による、最終見解へのPDFのリンクが貼られている。[*7]

また、二〇一六年五月のヘイトスピーチ解消法の制定過程においても、人種差別条約や人種差別撤廃委員会の見解は、一定の役割を果たしている。例えば、二〇一六年三月から五月までにかけて六回にわたり行われたヘイトスピーチ解消法の参議院法務委員会における審議においては、「人種差別撤廃条約」という用語が三四回、「人種差別撤廃委員会」という用語が一二回、「国連」という用語が八回も用いられている。単に議事録において用語が用いられたことだけから国際人権法が法案成立に直接の影響を与えたということはできないが、法案審議の過程において、これ程多く国際人権条約に言及されることは稀である。また、ヘイトスピーチ解消法の前文では、「もとより、このような不当な差別的言動はあってはならず、こうした事態をこのまま看過することは、国際社会において我が国の占める地位に照らしても、ふさわしいものではない。（傍点筆者）」との言及があるが、法律の前文の中で国際社会において占める地位について言及されることも稀である。このようなデータや法律の条文からも、国連の勧告が、法案の成立にあたって一定の影響を与えたということができるだろう。

＊7 http://www.moj.go.jp/JINKEN/jinken04_00108.html（二〇一九年九月一日確認）。

5　解消法制定以降の動きと限界——今後に向けて

二〇一六年のヘイトスピーチ解消法の制定を受けて、ヘイトスピーチに対する次なる課題は、国政レベルでの人種差別禁止法やインターネット上のヘイトスピーチ対策法の制定、地方自治体レベルでの差別禁止条例・ヘイトスピーチ対策条令の制定に移っている。この点、二〇一六年以降も、二〇一七年に国連の人権理事会で実施された普遍的定期的審査や、二〇一八年に行われた人種差別撤廃委員会の審査において、日本政府には、包括的差別禁止法の制定や、インターネット上のヘイトスピーチへの対策強化等が勧告されたが、この勧告の実現に向けた動きは遅々として進んでいない。[*8] 残念ながら、二〇一四年とは異なり、二〇一七年及び二〇一八年の国連における審査に際しては、ヘイトスピーチ問題へのメディアの関心は低く、二〇一四年当時のように国内外の世論喚起を通じて、地方レベル又は国政レベルでの政策変化をもたらすには至っていない。

本書の他の論考でも触れられているように、ヘイトスピーチ解消法は、ヘイトスピーチ根絶のための第一歩に過ぎない。この法案自体、保護の対象から、在留資格のない外国人や、アイヌや琉球などの日本国内の先住民族が抜けている点や、明確な禁止規定がないことなど不十分なものである。また、相談体制の整備（五条）や、ヘイトスピーチを解消するための教育（六条）として、どのような具体

＊8　二〇一八年の国連人種差別撤廃委員会での勧告については、『人種差別に終止符を——二〇一八年国連の日本審査とNGOの取り組み』（反差別国際運動日本委員会（編）、解放出版社、二〇一九年）を参照。

的な施策が実施されるのかも不透明な状況にある。加えて、ヘイトスピーチの根本原因である人種差別を撤廃するためには、包括的な人種差別禁止法の制定と、差別禁止法を設置するための国内人権機関の設置が不可欠であるが、差別禁止法の制定や国内人権機関の設置については、その実現がいつになるか全く見通せない状況である。

こうした問題の実現のためには、日本国内での地道な教育活動やアドボカシー活動が必要になることは勿論であるが、ヘイトスピーチ解消法制定の過程において一定の成功を見たように、日本国内の外国人の人権問題に取り組む市民団体は国際機関等からの「外圧」を効果的に利用することも合わせて考えていく必要があるだろう。

二〇二〇年の東京オリンピック開催を控え、今後日本国内の人権問題に対する国際機関や海外メディアからの関心はますます高くなることが予想される。こうした、日本政府に対する海外からの注目をどう国内での人権状況の改善につなげていくか、弁護士や一般市民の知恵が試されている。

在日コリアン弁護士の人権活動は、これまでは、日本国内での活動がほとんどだったが、今後ますます、国際機関や外国政府に対して働きかけを行うことが重要になると思われ、そのためには、英語力や国際人権法を兼ね備えた人材が必要になってくる。国際人権活動に関わってきた在日コリアン弁護士の一人として、今後ますます多くの在日コリアンの中から、国際人権法を武器として世界を舞台に闘える弁護士が出てくることを期待したい。

[2017 年の UPR で出された人種差別に関連する勧告についての経年比較]（筆者作成）
○は日本政府による勧告受入、△は勧告の留保、×は拒否

	2017 年（総勧告数：217）
人種差別の禁止	外国人に対するあらゆる形態の差別を撤廃すること（スーダン）>○ 偏見と差別的言動をなくすため、差別禁止法や差別禁止の基準の適用について、公務員に対して効果的なトレーニングを提供すること（バングラデシュ）>○ 女性に対する暴力の原因となるステレオタイプを排除する法律の制定と共に、市民でない人に対するあらゆる形態の差別を禁止し、抑止するための法的措置を採ること（マダガスカル）>○ 性別、民族性、皮膚の色、性的指向、性自認といったあらゆる形の差別に反対するための行動を引き続き進めること（コロンビア）>○ 差別を制裁する適切な法律が効果的に適用され、全ての差別の申立事案が調査されることを含め、人種や国籍を理由とする市民でない者に対する差別と戦うための努力を続けること（ガーナ）>○ 出身地が異なる人を含め、あらゆる形態の差別を撤廃するための措置の実施を継続すること（キューバ）>○ 人種差別を撤廃するために適切な措置が実施され、法律が効果的に適用されること（グアテマラ）>○ 国内法に人種差別の適切な定義を取り入れることを含め、人種差別に対してより積極的な政策を実施すること（キルギスタン）>○ 年齢、性別、宗教、性的指向、民族性又は国籍に基づくものを含む、あらゆる形態の直接的又は間接的な差別を禁止するため、差別の包括的な定義を含む広範に適用可能な差別禁止法を制定すること（オランダ）>△ 年齢、性別、宗教、性的指向、及び、民族性に基づくものを含め、差別を禁止する法律を制定するとともに、男女平等を確保するために必要なその他の措置を取ること（ノルウェー）>△ 差別禁止法の実施を改善するためのプロセスを継続すること。（コートジボワール）>△年齢、人種、性別、宗教、性的指向、民族的出身または国籍に基づく、あらゆる形態の直接的または間接的な差別を禁止し、制裁する包括的な差別禁止法を制定し、実施すること（ドイツ）>△ 日本の憲法第 14 条第 1 項に基づき、特に外国人に対する差別をはじめとするあらゆる形態の差別を禁止する法律を制定すること（ハイチ）>△

	性的指向及び性自認に基づく差別を含め、国際的な義務及び基準に従い、差別を解消するための包括的な立法を制定すること（ホンデュラス）>△ 幅広く適用可能な差別禁止法を制定すること（イラク）>△ 被害者を保護するための適切かつ相当な処罰規定が規定された差別禁止法を制定すること（ケニア）>△ 包括的な法律の制定や意識啓発キャンペーンの実施を含む、あらゆる種類の差別を防止し、撤廃するための努力を強化する（イタリア）>△ 性的指向や性自認を理由とするものを含め、あらゆる理由に基づくあるゆる者への差別に対して、平等な保護を提供する包括的な差別禁止法を導入すること（アイルランド）>△ 人種差別撤廃条約に従って人種差別を適切に定義することを含め、人種差別についての包括的な法律を制定すること（ボツワナ）>△ 人種、民族性、性的指向、及び、性自認に基づく差別を禁止する法律の制定を含め、マイノリティの権利を保護し、ヘイトスピーチに効果的に対処するための更なる措置を取ること（オーストラリア）>△ ヘイトスピーチを効果的に処罰することを含む広範に適用可能な差別禁止法を制定するよう、法律を改正すること（シエラレオネ）>△
ヘイトスピーチ	女性、非嫡出子、民族的若しくは国民的マイノリティ、又は、LGBTIに対する差別的な法律上の規定を削除し、ヘイトスピーチを明確に禁止し、合意されていない性的行為を処罰すること（メキシコ）>○（ただし、性犯罪の罰則規定に差別的な規定は存在しない） 人種差別の表現を撲滅するための、立法上及び実務上の様々な措置を採ること（ロシア）>○ 国連の人権条約機関によって出されたヘイトスピーチに関する勧告をすべて十分に考慮すること（韓国）>○ 学校での教育と意識啓発プログラムを通じて、この問題に対して適切を資源を投入すること等を通じて、差別とヘイトスピーチの問題に引き続き対処すること（マレーシア）>○ 人種差別主義的又は外国人嫌悪主義的な言説を禁止するための努力を強化する（サウジアラビア）>○ 人種的優位性、人種的憎悪、ジェンダーステレオタイプを含め、あらゆる形態の差別を撤廃するための効果的な措置を取り続けること（ウズベキスタン）>○

慰安婦・歴史問題	性奴隷を含む過去の人道に対する犯罪に関する法的な国家責任を全面的に受け入れ誠実に対処するための措置を講じること（朝鮮民主主義人民共和国）＞× 歴史と正面から向き合い振り返り、「慰安婦」問題につき誠実に謝罪し、被害者に補償し、これに関して公衆の知る権利を確保すること（中国）＞× いわゆる「慰安婦」問題を含め、将来世代が歴史の真実を学ぶことを確保するよう努力すること（韓国）＞△
先住民族	様々な先住民族と協議することを含め、マイノリティーや先住民族への差別を避け、防止するための措置の実施を継続し、深化させる（パラグアイ） ＞＞△（先住民族はアイヌのみ） アイヌ、琉球及び部落民などの少数種族が経済的、社会的及び文化的権利を完全に享受できるように措置を強化すること（ペルー）＞△（先住民族はアイヌのみ）
朝鮮学校・マイノリティの教育	在日コリアンに対する差別やハラスメントを容認するすべての政策や規制をすべて撤廃すること（朝鮮民主主義人民共和国）＞× 公立高等学校に係る授業料の不徴収及び高等学校等就学支援金制度を朝鮮学校に通う子供に拡大する措置を取り、関連する国連条約体の勧告に従って朝鮮学校の平等な取扱いを確保すること（朝鮮民主主義人民共和国）＞× 公立高等学校に係る授業料の不徴収及び高等学校等就学支援金制度」を地方自治体所管の学校を含めて国内の全ての学校に拡大することを確保すること（ポルトガル）＞× マイノリティの子どもが差別されることなく教育を受ける権利を確保すること（オーストリア）＞○ 全ての人に就学への完全なアクセスを確保し、とりわけ女性及び女児の教育への平等なアクセスに関して、マイノリティ集団が直面する可能性のある障壁を取り除くための努力を続けること（パレスチナ）＞○
移住労働者・技能実習生	技能実習制度に参加する移住労働者が日本政府の国際的な義務にふさわしい保護及び支援を完全に受けられるよう、技能実習制度の監督を強化し続けること（英国）＞○ 虐待が疑われる移住労働者の雇用主が適切に起訴されることを確保すること（バングラデシュ）＞○ 移住労働者及びその家族の状況を改善する努力を続けること（コートジボワール）＞○

	移住労働者を含む脆弱な集団の人権保護に関する意識向上をさらに図ること（エチオピア）＞○ 外国人労働者、特に女性の外国人労働者の労働環境を改善し、日本社会への統合を高める措置を継続すること（ベトナム）＞○
難民	国際法に則った公平で効果的かつ透明性の高い難民認定プロセスの実施を確保すること（ケニア）＞○
人身取引・マイノリティ女性への暴力	国際組織犯罪防止条約及び人身取引議定書を適切に国内実施するための努力を続けること（パキスタン）＞○ 人身取引と闘い続けること（セネガル）＞○ あらゆる形態の人身取引と闘い、防止するための法的保護の枠組みを強化し続けること（シンガポール）＞○ 特に女性及び児童を搾取から保護するために、人身取引対策の包括的な法的枠組みを策定することを含め、人身取引と闘うための取組を強化すること（タイ）＞○ 全ての人身取引事案について捜査、起訴及び適切な制裁措置を更に強化すること（トルコ）＞○ 特に女性及び児童の性的搾取に関係した人身取引に対抗するための措置を強化すること（アルジェリア）＞○ 人身取引及び性的暴力の被害者による被害申告手続や保護サービスへのアクセスを向上させるために一層の努力を続けること（アゼルバイジャン）＞○ 人身取引に対する取組について一層努力し、被害者の保護及び補償に関する具体的な行動計画を制定すること（ホンジュラス）＞○ 斡旋業者、仲介業者及び雇用主による人権侵害から移民を保護するために人身取引対策法を制定すること（ケニア）＞○ あらゆる形態の暴力を訴追し制裁を加え、被害者が救済と保護の手段にすぐにアクセスできるよう確保することにより、外国人女性、マイノリティ女性、及び先住民族女性に対する暴力に効果的に対処するために適切な措置を講ずること（イラン）＞○
その他のマイノリティ・人種差別	効果的に法を適用し調査や、制裁措置をとることにより、人種や民族を理由に市民でない者を一部公共の場及び施設から締め出す行為を撤廃する適切な措置を講じること（イラン）＞○ 宗教的マイノリティの代表者の私生活を監視し干渉する行為をやめること（ロシア）＞△

第14章　人種差別撤廃条約とヘイトスピーチ規制

李　春熙

日本政府は、一九九五年、あらゆる形態の人種差別の撤廃に関する国際条約（人種差別撤廃条約）に加入した。

後述するとおり、政府が批准・加入した条約は国内的効力を有するから、日本政府は同条約上の義務を負っているはずである。

本章は、ヘイトスピーチ規制の要否、可否を判断する前提として、人種差別撤廃条約上日本政府が負っている義務を、立法府、行政府及び司法府ごとにそれぞれ分類して考察・検討することを目的とする。

1　立法府に対する条約上の要請

(1) 人権条約批准・加入に伴う立法義務

国家は、適切な立法措置を通して、国家機関のみならず私的当事者による権利侵害をも防止・排除することによって、管轄下の個人の人権を実効的に保護することが要求される。人権条約は、多くの場合、条約の国内実施のために取るべき措置については締約国の裁量をある程度認める規定の仕方をしながらも、義務規定において、立法措置を始めとする実効的な国内措置を取ることを要求している。実際に日本も過去には、人権条約の批准・加入にあたり、条約規定を精査した上で、必要な立法措置を講じてきた。

日本は、一九七九年に二つの国際人権規約（自由権規約、社会権規約）を批准したが、これに伴って、住宅金融公庫法等の住宅関連四法の国籍要件が、法解釈の変更によって撤廃された。一九八一年に日本が難民条約に加入した際には、同条約二四条が社会保障について難民への内国民待遇を定めていることを受けて、国民年金法、児童手当法等の国籍条項が撤廃された。日本は、一九八五年に女性差別撤廃条約を批准したが、同条約の規定にかんがみ、国籍法を改正して父系血統主義を廃して父母両系主義を採用するとともに、男女雇用機会均等法を制定した。また、児童ポルノ処罰法や、DV保護法等の制定には、それぞれ、子どもの権利条約及び女性差別撤廃条約の批准と、各条約委員会からの勧告が寄与しているとされる（以上の記述につき、申惠丰『国際人権法〔第2版〕』信山社、四六〇頁以下参照）。

このように、日本政府は、難民、子ども、女性等のマイノリティの権利保護を目的とする人権条約に加入・批准した際には、それぞれ、（不十分な分野もあるとはいえ）国内法を整備していたのであり、人種差別撤廃条約加入の際も、同条約の国内実施のために必要な立法措置をとる義務があった。

（2）条約上の人種差別禁止立法義務

条約の要請

では、国際人権条約上、日本政府は、人種差別撤廃（ヘイトスピーチの撲滅を含む）のためにいかなる立法義務を負っているか。

まず、日本政府は一九七九年にはすでに自由権規約を批准しているが、自由権規約二〇条一項は、「差別・敵意・暴力の扇動となる民族的・人種的・宗教的憎悪の唱道は、法律で禁止する。」と定めている。同条項が禁止を求める行為は、人種主義的ヘイトスピーチの相当部分を含むものと考えられるところ、一九七九年の批准時点で、かかる意味でのヘイトスピーチを「法律で禁止する」条約上の義務を負っていたものと解される。

さらに日本政府は、一九九五年の人種差別撤廃条約加入の際、人種的優越・憎悪に基づく思想の流布・人種差別の扇動、人種差別団体への加入とその宣伝活動などの行為を「法律によって処罰されるべき犯罪」とすることを求める同条約四条（a）（b）の規定については「憲法上の問題を生じるおそれがある」として留保を付したが、それ以外の部分については留保を付さずに条約に加入した。すなわち、日本政府は、少なくとも留保を付した四条（a）（b）以外の部分については、人種差別撤廃条約上の義務を負っている。

日本政府が留保を付さずに受け入れた部分において、人種差別撤廃条約は、締約国に以下のような義務を課している。

すなわち、「締約国は、人種差別を非難し、また、あらゆる形態の人種差別を撤廃する政策及びあらゆる人種間の理解を促進する政策をすべての適当な方法により遅滞なくとることを約束する」（二条一項柱書)。「各締約国は、政府(国及び地方)の政策を再検討し及び人種差別を生じさせ又は永続化させる効果を有するいかなる法令も改正し、廃止し又は無効にするために効果的な措置をとる」(二条一項(c))。「各締約国は、すべての適当な方法(状況により必要とされるときは、立法を含む。)により、いかなる個人、集団又は団体による人種差別も禁止し、終了させる」(二条一項(d))。「締約国は、一の人種の優越性若しくは一の皮膚の色若しくは種族的出身の人の集団の優越性の思想若しくは理論に基づくあらゆる宣伝及び団体又は人種的憎悪及び人種差別(形態のいかんを問わない)を正当化し若しくは助長することを企てるあらゆる宣伝及び団体を非難し、また、このような差別のあらゆる扇動又は行為を根絶することを目的とする迅速かつ積極的な措置をとることを約束する」(四条柱書)。「締約国は、自国の管轄の下にあるすべての者に対し、権限のある自国の裁判所及び他の国家機関を通じて、この条約に反して人権及び基本的自由を侵害するあらゆる人種差別の行為に対する効果的な保護及び救済措置を確保し、並びにその差別の結果として被ったあらゆる損害に対し、公正かつ適正な賠償又は救済を当該裁判所に求める権利を確保する」(六条)。

このように、日本政府は、人種差別を撤廃するための政策を「全ての適当な方法により遅滞なくとる」義務(二条一項柱書)を有しており、その一内容として立法を含めた全ての適当な方法により「人種差別を禁止し、終了させる」義務を負っている。

また、四条についても柱書及び(c)は留保していないのであり、「差別のあらゆる扇動又は行為を根絶することを目的とする迅速かつ積極的な措置をとる」義務(柱書)を負っている。

実効性のある人種差別禁止法制定の必要性

この点、二条一項（d）が締約国に課す、人種差別を「禁止する」義務は、「終了させる」義務から一歩進んで、社会生活において個人や集団、団体が行ってはならない人種差別が具体的に示されるとともに、公的機関による救済や加害者への何らかの制裁があることを求めるものと考えられるから、そのような「禁止する」義務の内容として、日本政府は、社会生活の様々な局面における人種差別行為について、加害者に少なくとも損害賠償等の民事上の制裁を課しうる法律を制定する義務を負っているものと捉えられなければならない（申、前掲書、四七六頁以下参照）。

実際に、人種差別撤廃条約の批准にともない、主要国はいずれも人種差別を禁止する法律を制定して対処している。人種差別撤廃委員会も、これまで、日本政府報告書に対する総括所見において、人種差別を禁止する差別禁止法を制定するよう何度も勧告している。例えば、二〇一〇年の第四回「総括所見」第九パラグラフでは、「委員会は、差別禁止法が必要ではないとする締約国の意見に留意し、その結果として、個人または集団が差別に対する法的救済を求めることができなくなっていることを懸念する（第二条）。委員会は、前回の総括所見（二〇〇一年）の勧告を繰り返し、締約国に対し、条約第一条にしたがって直接的および間接的人種差別を禁止し、条約が保護するすべての権利を対象にする特別法の採択を検討するよう促す。」との指摘がある。

以上のとおり、自由権規約及び人種差別撤廃条約上、日本は、人種差別を禁止し、終了させるための政策をとる条約上の義務を負っており、他の人権条約加入時と同様に、条約加入に伴い、人種差別禁止のための法律を制定すべきであったのである。そして、そのような条約上の義務に応えるものとしての差別禁止法は、少なくとも民事上の制裁を課しうる根拠となるようなものとして制定されることが、条約上は要請されていたことが明らかである。

そうすると、先般成立したヘイトスピーチ解消法は、日本におけるはじめての人種差別解消のための実定法としての意義を最大限評価するとしても、条約上の義務への応答という観点からはいまだ不十分なものといわざるをえない。

日本政府は、すでに成立したヘイトスピーチ解消法のもとで、ヘイトスピーチを含む人種差別の撤廃へ向けて各種の措置を適宜に講ずべきことはもちろんであるが、間違っても、ヘイトスピーチ解消法の制定により、条約上の立法義務が全て果たされたかのような認識を有してはならず、条約上の義務に応答して、人種差別の撤廃のための、さらなる実効性のある立法を行うべきである。

2　行政機関の義務

後述のとおり、日本において、政府が批准・加入した条約は国内的効力を有するため、立法、行政、司法を含むすべての統治部門及び国家機関においては、条約規定の趣旨に従って権限行使を行うことが要請される。そして特に、人権条約の国内実施においては、立法府による立法措置に加え、行政機関及び職員がそのような法律に従って権利を尊重するよう人権教育・訓練や実効的な監視制度の運用等の積極的措置を取ることが、権利侵害の防止のためにきわめて重要な意義をもつ。

特に、人種差別撤廃条約二条一項（ａ）は、「各締約国は、個人、集団又は団体に対する人種差別の行為又は慣行に従事しないこと並びに国及び地方のすべての公の当局及び機関がこの義務に従って行動するよう確保することを約束する。」（傍点筆者）と明文で規定し、日本政府は同条項について留保を付していない。日本において、国及び地方の全ての行政機関が、人種差別撤廃条約の趣旨に従って権限行使を行うべき国内法上の義務を負っていることは明らかである。

なお、ヘイトスピーチ解消法四条は、国及び地方公共団体の責務について、「国は、本邦外出身者に対する不当な差別的言動の解消に向けた取組に関する施策を実施するとともに、地方公共団体が実施する本邦外出身者に対する不当な差別的言動の解消に向けた取組に関する施策を推進するために必要な助言その他の措置を講ずる責務を有する」、「地方公共団体は、本邦外出身者に対する不当な差別的言動の解消に向けた取組に関し、国との適切な役割分担を踏まえて、当該地域の実情に応じた施策を講ずるよう努めるものとする。」と規定している。いうまでもなく、国及び地方公共団体が人種差別撤廃条約上負っている義務の内容は、ヘイトスピーチ解消法四条の規定する範囲にとどまるものではない。すなわち、ヘイトスピーチ解消法に明文で規定されている施策を行うことのみによっては、国及び地方公共団体が、人種差別撤廃条約上の義務に十全に応えたことにはならない。

人種差別撤廃条約上求められている人種差別的ヘイトスピーチへの対処が、条約よりも下位の規範である法律の制定・運用によって不当に狭められることがあってはならないのであり、国及び地方公共団体は、解消法の明文規定に沿った施策を即時に行うことはもちろん、さらにすすんで、条約の趣旨の実現のためのあらゆる積極的措置を取るべきである。

3　人種差別撤廃条約のもとでの司法権の行使

日本国内の裁判所は、人種差別撤廃条約の要請に応えて、司法権の行使に際し、人種差別撤廃条約をどのように解釈適用すべきか。

（1）国際条約の国内法上の地位

日本政府は一貫して、憲法九八条二項によって条約は国内的効力をもつとの見解をとっており、国際人権規約の報告審査においてもその旨を明言している。判例も条約が国内的効力をもつことを認め、直接適用している（小寺彰・岩沢雄司・森田章夫『講義国際法〔第2版〕』有斐閣、一一二頁）。

日本のように条約が国内的効力を有する国においては、人権条約の規範は、国家機関たる司法機関にとっても有効な法規範となり、司法機関は、権利救済に関する条約の規定に従い、条約上の権利侵害に対する効果的な救済を与えることが要求される。

（2）私法の解釈に対する影響

そこで、人権条約のもとでの私法規定（具体的には民法の不法行為に関する規定）の解釈が問題となった例として、京都朝鮮学校襲撃事件に関する裁判例を検討する。

京都朝鮮学校襲撃事件の地裁判決（京都地判平成二五年一〇月七日判時二二〇八号七四頁）は、「人種

差別撤廃条約下での裁判所の判断について」との項をもうけ、「人種差別撤廃条約二条一項は、締約国に対し、人種差別を禁止し終了させる措置を求めているし、人種差別撤廃条約六条は、締約国に対し、裁判所を通じて、人種差別に対する効果的な救済措置を確保するよう求めている。これらは、締約国に対し、国家として国際法上の義務を負わせるというにとどまらず、締約国の裁判所に対し、その名宛人として直接に義務を負わせる規定であると解される。／このことから、わが国の裁判所は、人種差別撤廃条約上、法律を同条約の定めに適合するように解釈する責務を負うものというべきである。」との見解を示した。その上で、被告らの活動を「全体として人種差別撤廃条約一条一項所定の人種差別に該当する」と明確に判示した。

そして、地裁判決は「……刑事事件の量刑の場面では、犯罪の動機が人種差別にあったことは量刑を加重させる要因となるのであって、人種差別撤廃条約が法の解釈適用に直接的に影響することは当然のこととして承認されている。同様に、名誉毀損等の不法行為が同時に人種差別にも該当する場合、あるいは不法行為が人種差別を動機としている場合も、人種差別撤廃条約が民事法の解釈適用に直接的に影響し、無形損害の認定を加重させる要因となることを否定することはできない。また、前記のとおり、原告に対する業務妨害や名誉毀損が人種差別として行われた本件の場合、わが国の裁判所に対し、人種差別撤廃条約二条一項及び六項から、同条約の定めに適合する法の解釈適用が義務付けられる結果、裁判所が行う無形損害の金銭評価についても高額なものとならざるを得ない。」と判示し、被告らの活動が人種差別撤廃条約上の人種差別に該当する場合には、不法行為に基づく損害賠償額の算定に直接的に影響し、その効果として、賠償額の高額化が導かれるとしたのである。

一方、同事件の高裁判決は、地裁判決のうち人種差別撤廃条約違反の効果にかかる部分を以下のとおり改めた。

人種差別撤廃条約は、国法の一形式として国内法的効力を有するとしても、その規定内容に照らしてみれば、国家の国際責任を規定するとともに、憲法一三条、一四条一項と同様、公権力と個人との関係を規律するものである。……したがって、一般に私人の表現行為は憲法二一条一項の表現の自由として保障されるものであるが、私人間において一定の集団に属する者の全体に対する人種差別的な発言が行われた場合には、上記発言が、憲法一三条、一四条一項や人種差別撤廃条約の趣旨に照らし、合理的理由を欠き、社会的に許容し得る範囲を超えて、他人の法的利益を侵害すると認められるときは、民法七〇九条にいう「他人の権利又は法律上保護される利益を侵害した」との要件を満たすと解すべきであり、これによって生じた損害を加害者に賠償させることを通じて、人種差別を撤廃すべきものとする人種差別撤廃条約の趣旨を私人間においても実現すべきものである。

上記のとおり人種差別を撤廃すべきものとする人種差別撤廃条約の趣旨は、当該行為の悪質性を基礎付けることになり、理不尽、不条理な不法行為による被害感情、精神的苦痛などの無形損害の大きさという観点から当然に考慮されるべきである。

高裁判決は、条約違反の効果が賠償額の算定に「直接的に」影響するとした地裁判決の判断を改め、憲法と人種差別撤廃条約とを並列した上で、これらの各規定の趣旨が、民法七〇九条違反の認定と、賠償額の算定に、いわば間接的に適用されるとの立場を採用したといえる。なお、高裁判決は、引き続き、被告らの活動が人種差別撤廃条約上の人種差別に該当すると判断し、地裁判決の認定した賠償額を維持した。最高裁も、高裁の判断を維持した。

このように、京都事件の地裁判決及び高裁判決は、不法行為に基づく民事損害賠償請求訴訟において、人種差別撤廃条約の規定が損害額の算定に直接ないし間接に解釈適用されると判示して、同条約のもとで、司法府が私法規定をいかに解釈するべきかについての重要な先例を形成した。

（3）人種差別撤廃条約と不法行為等の成立要件

それでは、損害賠償額の算定の場面にとどまらず、一歩進んで、不法行為の成否や、差し止め請求の可否等の場面においても、人権条約が直接または間接に適用されると解することはできないであろうか。

例えば、旧来の民法の解釈上、「不特定多数に向けられた名誉毀損、侮辱は成立しない」と解されていたが、条約の加入に伴いその解釈が変容され、かかる集団的名誉毀損・侮辱についても民事上の不法行為に該当すると解釈することはできないだろうか。あるいは、旧来の法解釈上は、正当な政治的言論であるとか、公共の利益に関する事項について公益目的からなされた言論として違法性が阻却されるスピーチについて、人種差別撤廃条約下ではもはやそのような解釈は維持できず、違法であると判断することは許されないのであろうか。

私見によれば、ある人種的集団に属する者全体に対して向けられているような体裁をもつスピーチであっても、その態様、目的、文脈等によっては、そのようなスピーチが向けられた集団に属する個人への被害が発生していることが観念でき、不法行為が成立すると解釈すべき場合は十分にありうる。例えば、マイノリティの集住地区において、当該地区に多数のマイノリティが存在することを十分に認識した上で、その者らへの攻撃を意図してヘイトスピーチを行った場合、そのようなスピーチは、個々のマイノリティの具体的権利を侵害するものと解釈することは十分に可能といえる（ＬＡＺＡＫ編『ヘイトスピーチはどこまで規制できるか』影書房、一三八頁以下における木村草太発言参照）。裁判例において、所沢産のほうれん草等の葉物野菜にダイオキシンの含有濃度が高いと報じた報道番組に対し、所沢市で農業を営む者約三八〇名が原告となって放送局を名誉毀損で訴えた事案につき、「所沢市内において野菜を生産する農家」という程度で、原告らを特定するに十分であるとした例があることも参照されるべきである（さいたま地判平成一三年五月一五日判タ一〇六三号二七七頁）。

また、外国人排斥を求めるヘイトスピーチが特定のマイノリティに向けられ、当該マイノリティの名誉を現実に毀損し、かつ、重大な被害を生じさせている場合には、そのスピーチが政治的言論としての性質を多少なりとも有する場合であっても、安易に違法性が阻却されることがあってはならず、人種差別撤廃条約上の義務をふまえて許容性を厳格に判断すべきと考える。この点、いわゆるヘイトデモの差し止めを命じた横浜地川崎支決平成二八年六月二日判時二二九六号一四頁は、ヘイトスピーチ解消法をふまえて、当該ヘイトデモが「憲法の定める集会や表現の自由の保障の範囲外であることは明らかであって、私法上も権利の濫用といえる」と判示したが、これは、人種差別撤廃条約上の義務に裁判所が応答して私法規定を解釈した一事例として捉えうる（このほか、浜松宝石店入店拒否事件判決〔静岡地判浜松支部平成一一年一〇月一二日判時一七一八号九二頁〕や小樽外国人入浴拒否事件判決〔札幌地判平成一四年一一月一一日判時一八〇六号八四頁〕も、外国人等に対する差別行為が不法行為に該当するかどうかの解釈基準として人種差別撤廃条約等の規定を援用している）。

このように、人種差別撤廃条約が国内的効力を有する現在において、日本の裁判所は、民法その他の私法規定の解釈にあたって、同条約の趣旨を最大限斟酌することが求められており、それは単に賠償額の高額化という効果面での考慮にとどまらず、人種差別行為の違法性判断（違法性阻却判断を含む）それ自体にも波及するものというべきである。

4　人種差別撤廃条約の規定と憲法解釈
――ヘイトスピーチの合憲的規制可能性

（1）憲法の人権条約適合的解釈

ここまで述べてきたとおり、国内的効力を有する人権条約の規定は、民法等の私法規定の解釈に、直接・間接の効力を有する。

それでは、そのような人権条約の規定は、憲法の解釈にも影響を及ぼさないか。例えば、人種差別撤廃条約上の義務に応答するために、差別禁止法やヘイトスピーチ等の禁止法を制定した場合、かかる法律の憲法適合性判断に条約の規定が影響を与えるのだろうか。

この点確かに、通説及び判例は、条約は憲法に劣後するとの立場を採用しており、政府が人権条約に加入したからといって、従前の国内における憲法解釈が根本的に転換されると考えることは妥当ではない。しかし、憲法解釈には一定の幅があるのであり、その解釈の幅の中で最大限人権条約に適合的な解釈を採用することは、条約加盟国における裁判官の義務となると解するべきである。この点、近藤敦教授は、「憲法に適合するものとして内閣・国会が留保することなく締結した人権条約は、憲法適合的な人権条約として、原則的に憲法解釈の指針とな」り、「（国内における憲法解釈について）従来の通説・判例が低水準の人権保障の解釈を採用していたとしても、新たに批准した人権条約が高水準の人権保障を求めており（高度化）、具体的な解釈基準を示している場合（具体化）、人権条約と整合的な憲法解釈は、高度化と具体化の方向でなされる。」と指摘している（憲法の「人権条約適合的解釈」。近藤敦『人権法』日本評論社、三〜四頁）。

（2）最高裁の変化の兆し

日本の最高裁は従来、人権条約の規定を憲法解釈にとりこむことに消極的であったが、近年は変化の兆しがみられる。

国籍法違憲判決（最大判平成二〇年六月四日民集六二巻六号一三六七頁）は、父母の婚姻を国籍取得の条件とする規定の憲法一四条適合性に関して、自由権規約及び子どもの権利条約の規定の存在を指摘した上で、「我が国を取り巻く国内的、国際的な社会的環境等の変化に照らしてみると、……（国籍法の規定について）前記の立法目的との間に合理的関連性を見いだすことがもはや難しくなっている」

として、違憲判断を行った。

また、婚外子相続分規定違憲判決（最大決平成二五年九月四日民集六七巻六号一三二〇頁）に至っては、判決文において自由権規約と子どもの権利条約の規定を指摘した上で、「我が国の嫡出でない子に関する上記各条約の履行状況等については、平成五年に自由権規約委員会が、包括的に嫡出でない子に関する差別的規定の削除を勧告し、その後、上記各委員会が、具体的に本件規定を含む国籍、戸籍及び相続における差別的規定を問題にして、懸念の表明、法改正の勧告等を繰り返してきた。最近でも、平成二二年に、児童の権利委員会が、本件規定の存在を懸念する旨の見解を改めて示している。」と国連の委員会からの勧告等の存在を明示して、違憲判断を行っている。

日本の国内裁判所における憲法解釈にあたって、人権条約の趣旨や、国際機関からの勧告等を最大限斟酌すべき必要性は、（いまだ不十分とはいえ）もはや最高裁においても明確に意識されているのである。

（3）ヘイトスピーチの合憲的規制可能性

ヘイトスピーチについての刑事規制立法の憲法適合性判断においても、人権条約適合的解釈が行われなければならない。

日本ではすでに、表現内容に関する刑事規制立法例が多数存在する。わいせつ表現（刑法一七五条）、脅迫表現（刑法二二二条）、名誉毀損表現（刑法二三〇条）、侮辱表現（刑法二三一条）、特定の違法行為の扇動（内乱・外患の扇動）（破壊活動防止法三八条）、政治目的のための放火・騒乱・往来危険の扇動

（破壊活動防止法三九条・四〇条）、税不納の扇動（国税犯則取締法二二条、地方税法二一条）、国家秘密の取得・漏洩の扇動（特定秘密保護法二五条ほか）などがその例である。

これらの表現内容規制立法に関して、裁判所は憲法に抵触するものではないとの見解を堅持しており、現に、わいせつ表現処罰や名誉毀損表現処罰は、学説上も実務上も、大きな異論なく定着している。

このように従前日本の裁判所は、表現内容規制立法の憲法適合性に関して、その個別解釈の当否は別として、合憲的に規制可能な表現が相当程度存在することを認める解釈を採用していたのであるから、ヘイトスピーチ規制が内容規制であることをもって短絡的に規制不可能と結論づけることは、人権条約に適合的な解釈とはいいがたい。具体的な構成要件や起訴手続のあり方等についてなお議論が必要ではあるものの、人種差別撤廃条約が「禁止し、終了させる」ことを求めるヘイトスピーチの一定部分は、日本の憲法上も合憲的に規制可能といわなければならない。

なお、日本政府は先述のとおり、人種的優越・憎悪に基づく思想の流布・人種差別の扇動、人種差別団体への加入とその宣伝活動などの行為等について犯罪化を要請する四条（a）（b）を留保しているが、かかる留保は四条（a）（b）を全く履行しないという趣旨に解釈されてはならず、ヘイトスピーチを含む人種差別への立法措置を含む適切な対応を求める他の条項や自由権規約二〇条にかんがみて、必要な場合に刑事規制を行うことが躊躇されてはならない。よって、日本政府による四条（a）（b）の留保は、日本政府が条約上の要請に応えて新たな立法を行った場合の憲法適合性判断にあたって、憲法二一条を人種差別撤廃条約適合的に解釈することについての妨げにならないというべきである。このことは、日本政府と同様に、人種差別撤廃条約への加入に際し、同条約四条について解釈宣言を行ったイギリスやフランスにおいて、ヘイトスピーチに関する刑事規制が実現していることからも明らかである。

5　結論

以上、人種差別撤廃条約のもとで立法府及び行政府が負うべき義務の内容を検討するとともに、同条約が国内的効力を有するという当然の前提にたって、司法府における、私法及び憲法の条約適合的解釈のあり方を検討してきた。

近時、ヘイトスピーチ解消法が制定され、同法のもとで、行政機関が（不十分とはいえ）被害調査、被害救済活動などを開始しており、市民らも多様な取組を行っている。また、裁判例の中にも、同法の規定を援用するものが登場している。そのこと自体は、ヘイトスピーチ被害救済のために望ましいものである。

しかし、本稿で検討したとおり、ヘイトスピーチ解消法によっても、日本政府が負う条約上の立法義務は、ごく一部しか実現されていないものと言わざるをえない。

我々弁護士は、具体的な被害救済に関与する過程で、現にある実定法としてヘイトスピーチ解消法を最大限利用することはもちろん、日本政府が批准した条約が国内的効力を有するという当然の前提にたって、裁判所に対し、人権条約適合的解釈の必要性を訴えていくべきではないだろうか。

終章　人種差別が許されない社会を

金　竜介

人種差別というのは常に国家権力と結びついてあり続けるものです。国民をひとつにまとめ、戦意を盛り上げるのに、人種差別ほど都合のいい材料はありません。戦争と人種差別は切っても切り離せないものです。

（小手毬るい『ある晴れた夏の朝』偕成社、二〇一八年）

1　消えた参政権議論

日本の社会の人種差別は限界を超えようとしている。水が堰を切ったように、多数派の日本人がこらえていたものがどっとあふれ出すときが近づいているようだ。

最高裁は、一九九五年二月二八日判決において、「全ての外国人に国政レベル・地方レベルを問わず、参政権は憲法上保障されない」と結論したが、判決理由中の傍論部分において「地方レベルの参政権については法律による付与は憲法上許容される」と記述した。

この最高裁判決後、野党各党から地方参政権法案が提案され（永住外国人に対する地方公共団体の議会の議員及び長の選挙権等の付与に関する法律案、通常国会で審議されるが二〇〇〇年に廃案）、また、自民・自由・公明党の連立与党は、連立政権合意書に「付与法案を議員提案し成立させる」との合意をし、二〇〇七年までに公明党などから法案が何度か提案されたもののいずれも廃案となっている。

廃案になったとはいえ、わずか一〇年ほど前に外国人に参政権を付与する法案が国会で議論されていたことを、今の日本から想像できるだろうか。

在日コリアン弁護士協会は、定住外国人の地方選挙権法案も契機となって二〇〇一年に設立された弁護士団体である。設立趣旨に第一の目的として、在日コリアンにおける法の支配の実現、具体的に言えば、在日コリアンへの差別撤廃、その権利擁護、民族性の回復（民族教育の保障等）及び政治的意思決定過程に参画する権利（参政権・公務就任権）の確保をあげる。

本来であれば、参政権の獲得などの前向きで積極的な制度の構築に法律の専門家集団として大きな力を注ぎたいというのが私たちの原点である。しかし、設立時の思いとは裏腹に、人種差別との闘いに多くの時間を割かれているのが現実である。「国籍や民族、そのルーツを理由にして『ゴキブリ』とか『殺せ』ということはよくないことです。人前で言ってはいけません」、そんな当たり前のことを実現するためになぜここまでの労苦を強いられなければならないのだろうか。

2　問題はヘイトスピーチだけではない

人種差別とされるものに、差別的取扱いと差別的言動がある。差別的取扱いとは、就職差別や入居差別、入店拒否などであり、差別的言動とは、言葉で外国人や民族的マイノリティを排除したり、名誉を棄損したりすることだ。

「ヘイトスピーチ」という言葉が認知されるようになり、多くの学者や弁護士たちが「ヘイトスピーチ」について語るようになった。しかし、憲法学者や弁護士たちが好んで語るのは、ヘイトスピーチの内、不特定多数の者に対するヘイトスピーチ（「朝鮮人はゴキブリだ」）のみであり、必ずといっていいほど〈法令による規制の是非〉とセットで語られる。

不特定多数に対するヘイトスピーチが不快な表現にとどまるものではなく、対象とされる者に現実の被害を与えることが広く認識されるようになったことは大きな前進であろう。しかし、不特定多数へのヘイトスピーチは、重要な問題ではあるが、人種差別の一つの類型に過ぎない。しかも法的な規制というのは、それをなくす手段の一方法でしかないはずだ。ヘイトスピーチよりも重大な（少なくとも同等の）就職差別や入居差別等の日常的に行われている人種差別について全く関心を示さない憲法学者や弁護士が、ヘイトスピーチについてのみ言及し、しかも、「表現の自由」を理由に法規制に反対、それ以外の手段で対抗すべきだというだけで満足し、具体的な手段を示さず、カウンターなどの現実の行動は行わないという姿をどれだけ多く見てきたことか。

「ヘイトスピーチ」は、二〇一三年の流行語大賞にノミネートされた言葉だ。流行には乗りながら、従来型の差別的取扱いには何も言及しないし行動もしないという法律家を「人権派」と私たちは認めることはできない。

3　それでも前進する社会

ヘイトスピーチが社会問題になって以降、あらゆる形態の人種差別が爆発的に社会に広まった。条件が許すのなら、子どもを日本から海外へ移住させたいと考え、実行するマイノリティの親は大勢いる。冒頭述べたとおり、この社会の人種差別は臨界点に達しようとしている。しかし、その一方で差別に対する日本人のモラルが過去よりも向上したこともまた事実であると思う。

この本では、日本の人種差別が今に始まったものではないことを指摘するとともに、人種差別へ抗する取組が、市民レベルの活動、司法の判断、様々な立法・条例、行政の対応などで前進していることを詳論した。

私たちの社会がよい方向に前進していることに期待する。

4　人種差別が許されない社会の実現を

差別について語るとき、こんなことをいう人たちがいる。「差別がない社会など実現するわけがない。人は誰でも自分ではどうにもならない好き嫌いの感情があるのだから差別がなくならないのはしょうがないことだ」と。

おそらくこの社会から差別がなくなることはないだろう。泥棒がいない世界、殺人が起こらない世界と同様に、差別が一切ない社会は、きっと不自然に人間の感情がコントロールされた社会であると私も思う。

それでは、被差別集団に属する少数者は、苦しみの中で生き続けるほかないのか。現実の社会で人との関わりを持つ以上、許容するほかないのだろうか。

セクシャルハラスメントという言葉が使われ始めたのは、八〇年代からであり、それ以前は、職場や学校や地域社会で許容されていた（被害者は許すことを強いられてきた）。その後、セクハラという概念が受け入れられるようになり、今日に至っている。人権意識が高いとされる男性たちが平然と語っていた言葉や行動が、現在では女性差別で許されないものとされるようになった。

まだまだ不十分であること、根本は何も変わっていないとの指摘があることを意識しつつ、間違いなく言えることは、私たちは、セクハラが許されない社会、女性差別が許されない社会を現実のものとすることに成功しつつあるということだ。

人種差別がない社会は、永久に来ないのかもしれない。しかし、人種差別を許さない社会を実現することはできるはずだ。

2016年)、『LGBTsの法律問題Q&A』(共著、LABO、2016年)、『性暴力被害者の法的支援――性的自己決定権・性的人格権の確立に向けて』(共著、信山社、2017年) など。

全　東周(ちょん　とんじゅ)[第9章]
2008年弁護士登録。東京弁護士会。
主な著書、『外国人の法律相談　改訂版』(共著、学陽書房、2018年)、『図解　会社法　平成29年版』(共著、財団法人大蔵財務協会、2017年)、『民事弁護ガイドブック』(共著、ぎょうせい、2011年)、『自治体が原告となる訴訟の手引き　福祉教育債権編』(共著、日本加除出版株式会社、2017年) など。

韓　雅之(はん　まさゆき)[第10章]
2002年弁護士登録。大阪弁護士会所属。
主な著書、『第2版　Q&A新・韓国家族法』(共著、日本加除出版、2015年)、『ヘイトスピーチはどこまで規制できるか』(共著、影書房、2016年) など。

林　範　夫(イムボンブ)[第11章]
1994年弁護士登録。大阪弁護士会。コリアNGOセンター共同代表を務める。
主な著書、『第2版 Q&A新・韓国家族法』(共著、日本加除出版、2015年)、『コリアン家族法のイロハ』(共著、大阪弁護士協同組合、2011年) など。

李　世燦(り　せちゃん)[第12章]
2014年弁護士登録。東京弁護士会。第16回刑事弁護新人賞特別賞。

金　昌浩(きむ　ちゃんほ)[第13章]
2008年弁護士登録。第二東京弁護士会。米国NY州の弁護士資格も有する。
主な著書、『徴用工裁判と日韓請求権協定――韓国大法院判決を読み解く』(共著、現代人文社、2019年)、『ヘイトスピーチはどこまで規制できるか』(共著、影書房、2016年) など。

[執筆者紹介]

（執筆順、＊は編者。［　］内は担当箇所を示す。氏名の表記は執筆者の意向による）

姜　文江＊（きょう　ふみえ）［はじめに、第4章］
※詳細は編者紹介参照

安原　邦博（やすはら　くにひろ）［第1章］
2014年弁護士登録。大阪弁護士会。

原田 學植（はらだ　がくうえ）［第2章］
2012年弁護士登録。第一東京弁護士会。
主な著書、『デジタル証拠の法律実務Q＆A』（共著、日本加除出版、2015年）、『最新　債権法の実務』（共著、新日本法規出版、2017年）、『外国人の法律相談Q＆A（第四次改訂版）』（共著、ぎょうせい、2019年）など。

金　竜介＊（きん　りゅうすけ）［第3章、終章］
※詳細は編者紹介参照

李　春熙（り　ちゅに）［第5章、第14章］
2005年弁護士登録。第二東京弁護士会。
主な著書、『誰が〈表現の自由〉を殺すのか』（共著、御茶の水書房、2017年）、『《自粛社会》をのりこえる』（岩波ブックレット、2017年）、『ヘイトスピーチはどこまで規制できるか』（共著、影書房、2016年）など。

殷　勇基（いん　ゆうき）［第6章］
1996年弁護士登録。東京弁護士会。日本弁護士連合会人権擁護委員会日韓弁護士会戦後処理問題共同行動特別部会特別委嘱委員。

辛　鐘建（しん　ちょんごん）［第7章］
2017年弁護士登録。神奈川県弁護士会。

金　星姫（きん　そんひ）［第8章］
2014年弁護士登録。埼玉弁護士会。
主な著書、『ヘイトスピーチはどこまで規制できるか』（共著、影書房、

[編者紹介]

金　竜介（きん　りゅうすけ）

1994年弁護士登録。東京弁護士会。

主な著書、『外国人刑事弁護マニュアル』（共著、現代人文社、2014年）、『ヘイトスピーチはどこまで規制できるか』（共著、影書房、2016年）など。

姜　文江（きょう　ふみえ）

2000年弁護士登録。神奈川県弁護士会。

主な著書、『裁判の中の在日コリアン』（共著、現代人文社、2009年）、『第２版 Ｑ＆Ａ 新・韓国家族法』（共著、日本加除出版、2015年）など在日コリアンに関する書籍のほか、『自由を奪われた精神障害者のための弁護士実務』（共編著、現代人文社、2017年）等心理・社会的な障害のある人に関する書籍・論文は多数。

在日コリアン弁護士協会（ＬＡＺＡＫ）

2001年５月、在日コリアン法律家協会として設立され、2002年６月に在日コリアン弁護士協会へ組織改編され、現在に至る。

①在日コリアンにおいても「法の支配」――すべての個人の尊厳が尊重され、すべての個人自らが主体となって能動的に政治的意思決定に参画する機会が保障されることを中核とする原理――を実現すること

②日本におけるすべてのマイノリティにかかる先駆的な法律家集団としての役割も果たすべく、あらゆるマイノリティの権利自由をも擁護すること

③すべての在日コリアン法律家が結集することにより、法律家としての技倆を養い相互に研鑽すること

④世界のコリアンとも連帯すること

を目的として結成され、活動している。

ホームページ：https://lazak.jp/

刊行書籍：『裁判の中の在日コリアン――中高生の戦後史理解のために』（現代人文社、2008年）、『韓国憲法裁判所 重要判例44――社会を変えた違憲判決・憲法不合致判決』（日本加除出版、2011年）、『第２版 Ｑ＆Ａ 新・韓国家族法』（日本加除出版、2015年）、『ヘイトスピーチはどこまで規制できるか』（影書房、2016年）

在日コリアン弁護士から見た
日本社会のヘイトスピーチ
――差別の歴史からネット被害・大量懲戒請求まで

2019年10月10日　初版第1刷発行

編　者　金　竜介
姜　文江
在日コリアン弁護士協会
発行者　大江道雅
発行所　株式会社　明石書店
〒101-0021　東京都千代田区外神田6-9-5
電話　03（5818）1171
FAX　03（5818）1174
振替　00100-7-24505
http://www.akashi.co.jp
装丁　明石書店デザイン室
印刷／製本　モリモト印刷株式会社

（定価はカバーに表示してあります）　ISBN978-4-7503-4906-0